# L'EAU À LA BOUCHE

✳ LES 4 SAISONS SELON ✳
ANNE DESJARDINS

# L'eau à la bouche

L'EAU A LA BOUCHE

RELAIS &
CHATEAUX

# L'EAU À LA BOUCHE

✖ LES 4 SAISONS SELON ✖
## ANNE DESJARDINS

## TRÉCARRÉ
© QUEBECOR MEDIA

**Catalogage avant publication de la Bibliothèque nationale du Canada**

Desjardins, Anne, 1951-

    L'eau à la bouche : les 4 saisons selon Anne Desjardins

    Publ. aussi en anglais sous le titre : Anne Desjardins cooks at L'eau à la bouche.

    Comprend un index

    ISBN 2-89568-062-0

    1. Cuisine - Québec (Province) - Sainte-Adèle.  2. Eau à la bouche (Restaurant).  I. Titre

TX945.5.E18D4714 2003      641.5'09714'24      C2003-940940-6

Nous reconnaissons l'aide financière du gouvernement du Canada par l'entremise du Programme d'aide au développement de l'industrie de l'édition (PADIÉ) pour nos activités d'édition ; du Conseil des Arts du Canada ; de la SODEC ; du gouvernement du Québec par l'entremise du Programme de crédit d'impôt pour l'édition de livres (gestion SODEC).

Correction d'épreuves : Michèle Constantineau
Conception graphique et mise en pages : Cyclone design communications inc.
Revision : Diane Baril
Photographie : Tango Photographie

ISBN 2-89568-062-0
Dépôt légal 2003
Bibliothèque nationale du Québec

Imprimé en Chine

Éditions du Trécarré, division de Éditions Quebecor Média inc.
7, chemin Bates
Outremont (Québec) Canada
H4V 4V7

CRÉDITS ADDITIONNELS
Photos des vaches et des tomates en page 111 : Martin Auger du ministère de l'Agriculture du Québec
Photo page 154-155 : Mary Hill Harpur de la Ferme Harpur des cerfs rouges de Boileau
Photo page 11 et photo de l'entrée du restaurant en page 111 : Guillaume Poulliot
Illustrations des pages de garde et des pages 22-23 : acryliques de Anne Desjardins

IDENTIFICATION DES AUTRES CUISINIERS PRÉSENTS LORS DES PRISES DE PHOTOS
Luc Gilbert, Philippe Béliard, Guillaume Daigneault, Isabelle Yeung, Nancy Hinton, Emmanuel Desjardins Richard.

# Table des matières

# Anne et son resto

### HISTORIQUE

L'ouverture du restaurant *L'Eau à la Bouche* à la fin des années 1970, à Sainte-Adèle, résulte d'un gros coup de cœur, de beaucoup de candeur et d'idéalisme ainsi que d'une passion de toujours pour les plaisirs de la table.

En décembre 1979, mon conjoint, Pierre Audette, et moi, tous deux fraîchement diplômés en géographie de l'Université du Québec à Montréal, dénichons à Sainte-Adèle une jolie petite maison ayant appartenu à un ébéniste allemand qui avait le goût des belles choses. Nous décidons d'en faire un petit restaurant de style bistrot où l'on servirait des plats cuisinés simplement, autrement.

Pourquoi Sainte-Adèle dans les Laurentides ? Eh bien, c'était un choix tout naturel : la région est belle, à proximité de Montréal et elle attire depuis les années 1920 des villégiateurs amoureux de nature et de plein air. Jeune, j'y séjournais avec ma famille pendant les vacances et les fins de semaine. La famille de mon père est originaire des Pays-d'en-Haut : mon arrière-grand-père, Ferdinand Desjardins, un de ces colons aventureux séduits par la perspective d'un avenir meilleur que faisaient miroiter les sermons du fameux curé Labelle, à la fin du XIXe siècle, fut un pionnier fondateur du village de Canton-Marchand (aujourd'hui l'Annonciation).

Alors, l'aventure commence. Nous habitons le haut du restaurant – c'est plus pratique avec mon petit Emmanuel de cinq ans. Je m'installe devant les fourneaux avec beaucoup de naïveté et de bonne volonté et Pierre accueille les clients. Il perçoit l'engouement de ceux-ci pour une cuisine et un service plus raffinés.

Nous décidons donc de parfaire nos connaissances ; heureusement, le plus souvent, ce qui reste du passage à l'école, c'est d'avoir **appris à apprendre**. Autodidacte dans ce métier, j'ai cherché à en apprendre plus en m'inscrivant à de nombreux cours de perfectionnement professionnel en cuisine, en m'abonnant à presque toutes les publications de l'époque sur le sujet, en faisant collection de livres traitant autant de recettes, de techniques, de chimie ou de physique alimentaire que d'histoire de la cuisine et, bien sûr, en remettant mon ouvrage cent fois sur le métier !

De mes cours et stages en France, au début des années 1980, j'ai surtout retenu la passion des chefs pour la qualité du produit et leur souci de la fraîcheur. J'étais impressionnée par la diversité et la *régionalité* des produits qu'ils utilisaient. Leur recherche constante du meilleur produit, leur fierté et leur solidarité face à leurs producteurs étaient remarquables. Cette constatation m'a donné la confiance qui me manquait et la certitude que j'étais sur la bonne voie car, intuitivement, j'essayais depuis mes débuts de créer ces mêmes liens avec des producteurs pour avoir, moi aussi, de très beaux produits à cuisiner pour mes clients.

Les années passent ; arrive un nouveau bébé – Félix –, et le projet de jumeler une auberge au restaurant se concrétise en juin 1987. Avec la complicité de mon père nous construisons, sur un terrain adjacent, un petit hôtel de 25 chambres agréablement conçues et joliment décorées et le petit jardin d'herbes et de fleurs comestibles du tout début s'agrandit.

En 1989, grâce à l'esprit d'équipe dynamique de tous les secteurs de notre jeune entreprise, nous devenons membre de la prestigieuse chaîne française des Relais & Châteaux. Quelle fierté pour nous ! Pierre et l'équipe de la salle à dîner se passionnent pour les vins ; on agrandit et on enrichit la cave. À l'hôtel, l'accueil est chaleureux, minutieux et personnalisé. Une collaboration très fine se précise entre la cuisine et l'équipe de sommeliers pour élaborer des menus découvertes où vins et mets s'harmonisent pour le plaisir du convive.

De là, tout déboule très vite. La vie de famille s'inscrit malgré tout dans cette trépi-

> *L'ouverture du restaurant* L'Eau à la Bouche, *à Sainte-Adèle, résulte d'un gros coup de cœur, de beaucoup de candeur et d'idéalisme ainsi que d'une passion de toujours pour les plaisirs de la table.*

**L'EAU À LA BOUCHE**
LES 4 SAISONS
SELON ANNE DESJARDINS

dante décennie ; Pierre prend souvent le relais de la vie plus intime et familiale. Grâce à lui, Emmanuel et Félix n'ont pas l'impression d'être délaissés. L'équipe de travail grossit ; depuis le tout début, nous engageons des collaborateurs compétents qui partagent notre façon de travailler.

En 2001, *L'Eau à la Bouche* devient Relais Gourmand. Cette reconnaissance me tient particulièrement à cœur car, dans la chaîne des Relais & Châteaux, les Relais Gourmands sont les membres qui sont reconnus à travers le monde comme chefs de file de la gastronomie, des chefs complices des producteurs artisans. Dans la majorité des Relais Gourmands, les chefs sont propriétaires partenaires avec leur conjoint et leur famille ; souvent une deuxième génération de passionnés reprend le flambeau. C'est tout à fait dans cet esprit que *L'Eau à la Bouche* s'articule.

Autre objet de fierté, recevoir le prix Renaud-Cyr, par lequel le ministère de l'Agriculture récompense les efforts soutenus d'un chef pour établir des liens et une complicité avec les producteurs.

En 2002, quel honneur aussi de recevoir le très prestigieux titre de Chevalier de l'Ordre national du Québec ; émotion et surprise devant une nomination inattendue ! Une première dans le domaine de l'hôtellerie et de la cuisine : la reconnaissance de l'apport de mon métier à la culture québécoise et à son rayonnement dans le monde.

Emmanuel, mon fils aîné (qui est tombé dans la marmite, si l'on peut dire) décide d'étudier la cuisine professionnelle à l'École hôtelière des Laurentides et prend de l'expérience en suivant des stages auprès d'autres chefs réputés. Il a joint l'équipe du restaurant et c'est une grande joie de continuer à pratiquer mon métier en ayant à mes côtés un cuisinier de la deuxième génération, solide et, bien sûr, branché à son époque.

Un des plus beaux métiers du monde : partager de bons plats, sentir, recevoir, toucher et transformer. Magique !

*Un des plus beaux métiers du monde : partager de bons plats, sentir, recevoir, toucher et transformer. Magique !*

## SOUVENIRS, SOUVENIRS

Bien entendu, on ne peut décrire un quart de siècle de la vie d'un cuisinier en quelques paragraphes. Personne n'a la science infuse, dit un dicton ; le hasard, la famille, l'éducation font beaucoup pour jalonner le trajet d'une vie. Il y a tant à dire sur tous ceux et celles qui ont participé à ce parcours. Il y aurait eu bien d'autres angles pour aborder ma passion de la cuisine et de l'hôtellerie. J'aurais pu vous faire partager l'enthousiasme qui anime les cuisiniers et l'équipe de sommeliers pour marier les vins et les plats, du soin quasi maniaque que nous portons à l'écriture du menu et du souci que nous avons d'équilibrer les menus avec les saisons et les vins du cellier. Mais j'ai choisi ce qui pour moi définit en premier ma cuisine. Et c'est la raison pour laquelle ce livre parlera surtout des artisans du Québec et des Laurentides et de leurs produits, au gré des saisons.

## LES LAURENTIDES

À une heure de Montréal à peine, on se trouve plongé dans une oasis de vertes montagnes, jalonnée de vallées, de rivières et de lacs, paysage modelé par le passage des anciens glaciers. La proximité et la grande beauté des Laurentides ont convaincu bien des gens de s'y établir il y a plusieurs générations déjà. Une première vague de colons y cultiva la terre (tel mon arrière-grand-père avec des produits traditionnels comme la pomme de terre, le sarrasin, le sirop d'érable, la pomme, les bleuets sauvages, quelques vaches, des cochons et des poules). Les générations qui suivirent y développèrent, grâce aux nouvelles technologies, une autre forme d'agriculture répondant mieux à la demande moderne (serres et produits maraîchers spécialisés, rhubarbe, asperges, petits fruits, miel, fromages fins, grands gibiers, etc.). Les Laurentides sont en quelque sorte le grand jardin de Montréal. En parallèle, des citadins et des touristes charmés par l'harmonie et le charme de la région décidèrent d'y résider. Depuis les années 1920, villages, routes, hôtels, restaurants, centres de ski, sentiers de randonnée, bref, une infrastructure touristique variée et solide a su répondre et s'adapter aux besoins de cette clientèle.

De notre côté, un petit projet de restaurant sans prétention à la campagne et une grande confiance en l'avenir (lire naïveté), nous lancent dans une aventure (la restauration) qui aurait pu tout simplement s'échouer sur les nombreux écueils qui attendent les néophytes téméraires de l'hôtellerie.

Curieusement, lorsque j'étais très jeune, il ne me serait pas venu à l'idée de devenir cuisinier ; pourtant déjà, la gourmandise me servait souvent de guide et ma mémoire est remplie d'anecdotes, de moments liés aux plaisirs de la table.

Ma grand-mère Raymonde était une cuisinière de talent, au palais fin et subtil, et une remarquable hôtesse. Tous ceux qui ont eu l'occasion de s'asseoir à sa table peuvent témoigner de sa générosité, de son raffinement, du goût délicieux de ses plats. Elle savait choisir les produits les plus frais, les meilleurs. Elle avait ses petites pâtisseries, ses boucheries et de bons fermiers qui, chaque saison, lui vendaient du miel naturel en grosse « canisse », du sirop d'érable, des légumes, des petits fruits pour les confitures… Son palais était raffiné et intransigeant.

Mon père adorait voyager ; pour mes deux sœurs et moi, partir était toujours une belle surprise et une source d'émerveillement : découvrir les paysages sauvages et grandioses de la Gaspésie ou de la Côte-Nord ; se gaver de homard, de petites crevettes, de palourdes, de poissons fraîchement pêchés dans les Maritimes ou sur la côte est américaine ; se laisser séduire par l'intensité de New York ou encore par l'Europe, belle, raffinée, chargée d'histoire, aux cultures multiples se partageant de si petits territoires.

Déjà à cette époque, la curiosité m'habitait ; j'adorais essayer de nouveaux plats, repérer des goûts et des odeurs inconnus et délicieux – hmmm ! la première figue fraîche, mûre parfaitement, ou un *fritto misto* en Italie, des *calamari,* fondants et croustillants à la fois : une diversité, des couleurs, des saveurs !

Dans la jeune vingtaine, j'ai continué à expérimenter des recettes que j'adorais tester sur mes amis ! Au temps de l'université, parcourir la rue Saint-Laurent pour dénicher des produits inconnus, rares ou juste meilleurs et plus frais, faisait partie de mes petits plaisirs.

Je me perdais dans les épiceries végétariennes, à la découverte de farines diverses ou biologiques, ou encore de légumineuses inconnues. Parfois je poussais plus loin l'exploration et je furetais dans les petites boutiques orientales du quartier chinois, parmi les parfums de gingembre, d'anis étoilé ou de légumes exotiques. Finalement, je consacrais presque autant de temps et d'énergie à inventer ou à essayer de nouvelles recettes qu'à mes études en géographie !

À la fin de nos études en géographie, notre idée, à Pierre et à moi, d'un restaurant à la campagne se précise et mon père accepte avec prudence notre projet. Son aide financière et ses bons conseils nous permettent d'ouvrir un petit restaurant sur le bord d'une grande route dans un joli village de villégiature au nord de Montréal, à Sainte-Adèle, et de mettre à l'épreuve nos prétentions. Au départ, nos deux familles sont un peu découragées par notre choix. La restauration n'est pas reconnue comme un métier de tout repos et, de plus, nous n'avons aucune expérience.

Nous nous inscrivons à l'Institut de tourisme et d'hôtellerie du Québec à Montréal (ITHQ) pour quelques séminaires – très bien conçus – de gestion hôtelière et nous aménageons en restaurant la maison achetée. Demande de permis, construction, élaboration d'une carte, achat de matériel professionnel de cuisine et de salle à manger ; nous fabriquons nous-mêmes les lampes en papier de riz ! Il faut choisir le nom du restaurant ; c'est Pierre qui le trouve : *L'Eau à la Bouche*… Ça fait rêver. Enthousiasme et sages conseils de mon beau-père, André Audette, toujours prêt à nous épauler, encouragements de la famille et des amis, et nous voilà prêts à ouvrir.

Dès le tout début, nous avons gagné une clientèle avide de fraîcheur et d'originalité. Nous arrivions à une époque charnière (fin des années 1970, début des années 1980). À cette époque, c'était tout à fait nouveau de servir des brocolis frais ou des pois mange-tout cuisinés *al dente* avec des graines de sésame rôties, des suprêmes de volaille avec une sauce sans liaison de farine et parfumée d'herbes ; de cuisiner des têtes de violon sauvages, de l'ail des bois ; de présenter un plateau de fromages à la fin du repas, le tout à partir des produits disponibles les plus frais, cuisinés sur place, sans additifs ou produits industriels ajoutés – une cuisine naturelle !

Pour mesurer la distance parcourue dans l'évolution de la gastronomie au Québec, il suffit de se rappeler qu'en 1980 la simple recherche de produits frais locaux constituait en soi une aventure ! Les fournisseurs de l'époque nous trouvaient difficiles à satisfaire et ne comprenaient pas quelle mouche nous avait piqués. Quoi ! leurs produits ne nous satisfaisaient pas ? Combien de fois n'ai-je pas entendu que tel chef réputé ou tel autre trouvaient leurs produits – que moi je considérais médiocres – excellents. À cette époque, la cuisine des restaurants était le plus souvent inspirée de grands classiques de la cuisine française (la plupart du temps interprétés avec lourdeur et préparés avec des produits très moyens) ou encore issue d'une cuisine dite continentale, où les énormes steaks, les langoustines congelées grillées à l'ail et les pommes de terre au four ainsi que les tomates provençales tenaient lieu de cuisine gastronomique.

J'ai eu la chance d'être encouragée dès le tout début par des clients connaisseurs qui voyageaient beaucoup, avaient le palais fin et étaient exigeants. Certains d'entre eux nous ont démontré une telle amitié, en invitant des clubs gastronomiques ou encore en parrainant certains de mes séminaires de perfectionnement en France, que je leur serai toujours

redevable. Je ne peux les énumérer tous, mais je remercie avec une émotion toute particulière ces premiers clients, Bernard Lamarre et son épouse, le docteur Maurice Dufresne, Jean-Guy Blanchette.

Hasard, chance ! Sainte-Adèle, au début des années 1980, c'est aussi le lieu d'implantation de la nouvelle École hôtelière des Laurentides. Phillipe Belleteste, son directeur, ouvert et réceptif, y apporte une vision hautement professionnelle du métier. Je me souviens de la connivence et de l'amitié de Louise Duhamel, de Jean-Louis Massenavette, de Léopold Handfield et de quelques autres…

Paule Neyrat, de la Fondation Auguste Escoffier, à Villeneuve Loubet, en France, m'autorise à participer aux prestigieux séminaires de Chefs pour Chefs. Wow ! Quelles expériences magnifiques : André Daguin, Jacques Chibois, Michel Lorain, Émile Jung, Gérard Vié et d'autres s'exécutent et partagent leur savoir-faire et leur vision de la cuisine.

Des souvenirs de ces années, je ne peux oublier les premiers cours d'initiation à la sommellerie que Pierre Audette et moi-même avons suivis avec Jacques Orhon, le formateur en sommellerie de l'École hôtelière des Laurentides, écrivain et chroniqueur à la radio et à la télévision.

Pour moi, quelle belle découverte ; à partir de ce moment, j'acquiers une nouvelle manière de goûter, j'étends ces nouvelles connaissances dans la structure de mes sauces et je leur donne une nouvelle profondeur. Surtout, j'accorde dorénavant une importance capitale à l'accord des vins et des mets.

Avec le recul je constate que tout bougeait finalement très vite. Les informations et les tendances arrivaient alors de partout. Comités, clubs et regroupements participent au progrès, les médias affichent la diversité et la réticence de certains fait place à une évolution inévitable.

Autour de 1986, le ministère de l'Agriculture du Québec met le pied à l'étrier. Je ne

*Pour mesurer la distance parcourue dans l'évolution de la gastronomie au Québec, il suffit de se rappeler qu'en 1980 la simple recherche de produits frais locaux constituait en soi une aventure !*

peux oublier l'énergie qu'une Rose-Hélène Coulombe met à épauler l'émergence d'une « nouvelle » cuisine régionale du Québec. Il a fallu bien des efforts pour entreprendre ce qui aujourd'hui semble si évident. Je ne veux pas écrire l'histoire de la Corporation de la cuisine régionale du Québec, mais je voudrais souligner l'apport indéniable de nombreux intervenants de ce regroupement, dont Michel Beaulne, au tout début, puis André Paul Moreau qui s'est impliqué totalement dans le projet. Françoise Kayler et Julian Armstrong ont aussi favorisé la diffusion de cette nouvelle réalité qu'est la cuisine québécoise actuelle, en vertu de leur notoriété et de leur plume très habile. Les tables de concertation agroalimentaires actuelles découlent presque en droite ligne de cette initiative et celle des Laurentides doit beaucoup à l'esprit rassembleur et de synthèse de gens comme Michel Boisclair et Martin Auger, du ministère de l'Agriculture, ainsi qu'au dynamisme et à la ténacité de Jean Audette, commissaire de la Table de concertation des Laurentides. Sa complicité avec les différents partenaires du secteur agroalimentaire a favorisé et stimulé des liens que j'estime essentiels entre les chefs et les producteurs.

Je crois fermement dans la formation continue. Je crois que les humains adorent apprendre et découvrir. La stimulation suscitée par l'apprentissage et la connaissance est un moteur puissant de plaisir et de dépassement. Dans mon métier, comme dans les autres, il faut remettre joyeusement et cent fois l'ouvrage sur le métier et, surtout, ne pas avoir peur de se remettre en question.

Bien sûr, en cuisine, il y a un peu de magie à l'œuvre. J'ai eu la chance de rencontrer beaucoup de cuisiniers, amateurs ou professionnels. Chaque fois j'ai constaté que certains d'entre nous avons, d'instinct, un brio qui semble plus tenir de la magie que de la connaissance, tant la touche est subtile. Et pourtant le résultat est là : le plat est réussi, c'est bon, très bon même.

Je compare souvent mon métier au théâtre. Un chef doit, tout comme un comédien, connaître son texte (sa recette), pouvoir

*Je compare souvent mon métier au théâtre. Un chef doit, tout comme un comédien, connaître son texte, sa recette.*

compter sur une bonne mémoire et une grande concentration, avoir de la technique et aussi une énergie transcendante car, lorsque le rideau (la porte du restaurant) s'ouvre et que le spectacle (le service) commence, il faut être prêt, sans penser pouvoir l'interrompre : *the show must go on*, disent les Anglais. C'est magique et terriblement excitant, une bonne décharge d'adrénaline – j'adore ça ! – dans le métier, on dit le coup de feu ! On a les bons produits, une mise en place d'enfer, une équipe bien rodée, compétente et passionnée et voilà, nous sommes prêts à recevoir les clients et à leur faire passer un très bon moment.

Il faut mettre notre goût au défi, utiliser les produits les plus frais, évidemment de saison, être en harmonie « avec le temps et avec son temps », préparer une recette dans le but de procurer du plaisir, de partager de bonnes choses ; le convive nous fait l'honneur de vouloir payer pour qu'on lui prépare un repas, il faut le respecter.

Ce sont toutes ces raisons qui ont développé chez moi le désir, le goût et l'urgence d'une complicité avec nos producteurs et nos fermiers.

Aujourd'hui je considère que le pari est gagné. Il est dorénavant accepté et entendu par la plupart des cuisiniers d'ici que les produits régionaux sont un atout dans nos cuisines. En retour les producteurs ont bien compris l'avantage de faire connaître leurs produits par les chefs.

Quand de hauts fonctionnaires visionnaires (je pense à Antoine Samueli ou René Fortin du ministère du Tourisme) ont commencé, à la fin des années 1980, à inviter des chefs québécois à participer à des campagnes de promotion à l'extérieur du pays comme élément moteur et représentatif de l'excellence de notre savoir-faire, là aussi un grand pas a été franchi : enfin, on pouvait démontrer la vitalité, l'originalité, la spécificité de notre approche culinaire. La cuisine d'ici s'était affranchie de la réputation de lourdeur et d'ancienneté que les vieilles traditions et notre économie de survivance rurale nous avaient laissée.

La cuisine telle qu'on l'aime aujourd'hui est venue d'une toute petite tendance, au départ assez élitiste, qui a vu le jour en France

## QUELQUES JALONS QUI ONT MARQUÉ CE PARCOURS

**1987**
*Dîner de l'année* de l'International
Wine and Food Society au Canada

**depuis 1987**
Prix Quatre Diamants de la CAA (AAA)

**depuis 1989**
Membre des Relais & Châteaux

**depuis 1990**
Prix d'excellence DIRONA

**de 1993 à 1995**
*Table d'or* de La Gastronomie
dans les Laurentides

**de 1995 à 1998**
Prestige de la Table au Québec SAQ

**1995**
Le 18 janvier, Anne cuisine
pour la Fondation James Beard
à New York
Dans l'édition du dimanche du
*New York Times Magazine,* page
couverture sur Anne Desjardins
du restaurant L'Eau à la Bouche,
par Molly O'Neill

**1998**
*Table d'or* de Tourisme-Québec

**depuis 1998**
Prix d'excellence décerné
par le Wine Spectator

**de 1996 à 1999**
*L'Eau à la Bouche* figure parmi les cinq
premières tables du *Gourmet Magazine*
« America's top tables » pour la région
de Montréal (premier prix en
1996, 1997 et 1998)

**1999-2000**
Membre du Conclave des chefs
de Canadian Airlines

**depuis 2000**
Prix Quatre Étoiles décerné par MOBIL

**depuis 2001**
*L'Eau à la Bouche* ajoute le titre de Relais
Gourmand à son titre de membre des
Relais & Châteaux.

**2002**
Lauréate du Prix Renaud-Cyr
Nommée Chevalier de l'Ordre
national du Québec

dans les années 1970. Le point de départ :
l'arrivée de restaurateurs patrons (Troisgros,
Bocuse, Barrier, Pic, etc.) qui étaient aussi des
chefs, libres d'innover et de faire évoluer
leurs recettes.

C'était dans l'air du temps, une nouvelle
approche en santé, des voyages et des échan-
ges commerciaux facilités, et voilà des cuisiniers qui commencent à épurer certaines
recettes classiques (Michel Guérard innove
avec sa cuisine minceur). De plus, les chefs
voyagent et proposent des présentations plus
sophistiquées, travaillent de nouveaux ingrédients (souvent asiatiques ou tropicaux) : c'est

la *nouvelle cuisine*, souvent nommée péjorative-
ment et encore plus souvent interprétée par
des cuisiniers maladroits. Peu après on l'appelle
cuisine évolutive, cuisine du marché, cuisine de
produits. Puis, des cuisiniers créatifs du conti-
nent nord-américain continuent sur la lancée
et c'est la cuisine fusion (parfois confusion !).

Un grand vent planétaire a soufflé et,
dans les Amériques, je crois que le Québec a
joué un rôle d'avant-garde, de précurseur
même : ouverture vers une nouvelle façon
d'interpréter la cuisine actuelle et redécou-
verte de produits régionaux parfois oubliés ou
méconnus.

*Fromagerie Le p'tit train du Nord*

## LA CUISINE DES SAISONS
### DE *L'EAU À LA BOUCHE*

À *L'Eau à la Bouche,* nous avons pris le parti de cuisiner selon les saisons. La *nordicité,* avec ses changements de saisons contrastés et sans appel, offre au cuisinier qui veut bien en tirer parti des avantages nombreux : diversité et motivation. Ce qu'on voyait autrefois comme un désavantage est devenu atout, grâce à la modernité et au savoir-faire des gens d'ici ou venus d'ailleurs.

Je qualifie ma cuisine de régionale, car elle s'appuie à un espace, à un lieu. Pour le dire simplement, disons que je cuisine à Sainte-Adèle, dans les Laurentides, au Québec, en Amérique du Nord, au nord du 47e parallèle. J'aime cuisiner des produits frais. J'aime en connaître la provenance. J'éprouve plus de plaisir à cuisiner des produits qui ont une petite histoire et dont je connais le producteur ; je cuisine mieux, de façon plus inspirée, si je sens (façon de parler !) le produit de saison.

Dans le fond, c'est cette recherche du produit frais selon la saison, c'est la *nordicité* de ma région qui a donné des ailes à ma cuisine et qui l'a particularisée.

C'est le caractère typique et la qualité des produits du territoire québécois, avec la complicité des producteurs artisans, qui me conduisent chaque année depuis plus de vingt ans à rythmer ma cuisine sur les saisons.

J'éprouve beaucoup de fierté à parler des produits du Québec, plus particulièrement de ceux des Laurentides, ou à les mettre en valeur sur ma table

Chaque saison propose ses produits et j'ai souvent l'embarras du choix, tellement l'offre est variée. Depuis quelques années, l'émergence d'une nouvelle génération d'agriculteurs, ouverts et conscients de l'évolution des habitudes alimentaires des Québécois, a multiplié la présence de produits bien faits et savoureux dont nous, les cuisiniers, sommes friands. Chaque saison est donc source d'inspiration et nous n'avons qu'à choisir, et à cuisiner, pour le plus grand plaisir des gourmands.

# Recettes de base

*Je préfère utiliser les poivres, les épices ou les herbes à l'étape de la finition des plats ; cela met leur parfum davantage en valeur. Voilà pourquoi les recettes de base qui suivent n'en prévoient pas.*

## JUS DE VOLAILLE CORSÉ

DONNE 1 LITRE

### Ingrédients

| | | |
|---|---|---|
| 1 kg | carcasses de volaille (poulet, canard, caille, pigeon, dinde, oie ou pintade) | 2 lb |
| | huile végétale en quantité suffisante | |
| 500 ml | mirepoix (carottes, céleri, poireaux ou oignons coupés en petits dés) | 2 tasses |
| 50 ml | vinaigre de vin | 3 c. à soupe |
| 500 ml | vin blanc | 2 tasses |
| | tiges de persil | |
| | branches et feuilles de céleri | |
| 2 | feuilles de laurier | 2 |

### Méthode

1. À l'aide d'un couperet, concasser les carcasses. Dans une grande marmite, colorer dans un peu d'huile végétale, à feu vif. Ajouter la mirepoix, caraméliser et déglacer avec le vinaigre et le vin.

2. Mouiller avec de l'eau à hauteur des os, laisser mijoter à feu moyen et réduire de moitié ; ne pas brasser le bouillon. Couler dans une passoire (chinois). Laisser refroidir et réserver au froid.

3. Ce jus de volaille se conserve 4 ou 5 jours au réfrigérateur. On peut aussi le congeler.

## JUS DE VEAU CORSÉ

DONNE 2 LITRES

### Ingrédients

| | | |
|---|---|---|
| 3 kg | os (jarret, os à moelle, pattes de veau) | 6 1/2 lb |
| | huile végétale en quantité suffisante | |
| 500 ml | mirepoix (carottes, céleri, poireaux ou oignons coupés en petits dés) | 2 tasses |
| 50 ml | vinaigre de vin | 3 c. à soupe |
| 500 ml | vin rouge | 2 tasses |
| | tiges de persil | |
| | branches et feuilles de céleri | |

### Méthode

1. Dans une lèchefrite, au four très chaud 220 °C (425 °F), bien colorer les os avec un peu d'huile végétale. Ajouter la mirepoix, laisser colorer encore et déglacer avec le vinaigre et le vin.

2. Mettre le tout dans une grande marmite, mouiller avec de l'eau à hauteur des os, laisser mijoter à feu moyen et réduire de moitié ; ne pas brasser le bouillon. Couler dans une passoire (chinois). Laisser refroidir et réserver au froid.

3. Cette préparation se conserve 4 ou 5 jours au réfrigérateur. On peut aussi la congeler.

## FUMET CORSÉ DE CRUSTACÉS, DE POISSONS OU DE COQUILLAGES

### DONNE 1 LITRE

### Ingrédients

| | | |
|---|---|---|
| 1 kg | carapaces de crustacés (crevettes, crabes, homards…) | 2 lb |

*ou*

| | | |
|---|---|---|
| 1 kg | arêtes et têtes de poissons blancs | 2 lb |

*ou*

| | | |
|---|---|---|
| 1 kg | coquillages vivants (moules, palourdes, couteaux…) | 2 lb |
| | huile végétale en quantité suffisante | |
| 2 | branches de céleri coupées en petits dés | 2 |
| 1 | poireau ou oignon coupé en petits dés | 1 |
| 2 | tomates coupées en morceaux | 2 |
| 1 | poivron rouge (ou parures, pour les crustacés) coupé en morceaux | 1 |
| | jus de 1 citron | |
| 250 ml | vermouth blanc | 1 tasse |
| 50 ml | pastis | 3 c. à soupe |
| | feuilles de persil, de céleri et de fenouil | |

### Méthode

1. À l'aide d'un couperet, concasser les carapaces ou les arêtes, mais pas les coquillages. Dans une grande marmite, colorer dans un peu d'huile végétale, à feu vif. Ajouter les légumes, déglacer avec le jus de citron, le vermouth et le pastis.

2. Mouiller avec de l'eau à hauteur des carapaces, laisser mijoter et réduire de moitié ; ne pas brasser le bouillon. Couler dans une passoire (chinois). Laisser refroidir et réserver au froid.

3. Ce fumet se conserve 4 ou 5 jours au réfrigérateur. On peut aussi le congeler.

## PÂTE FRAÎCHE

*Cette recette utilise presque le double du nombre d'œufs suggéré dans les recettes traditionnelles de pâte, mais j'adore le goût fin que cela lui donne.*

### DONNE 36 PETITS RAVIOLI
### OU 36 PETITS CANNELLONI
### OU 6 PORTIONS DE 60 G (2 OZ)
### DE TAGLIATELLE

### Ingrédients

| | | |
|---|---|---|
| 230 g | farine à pain (blé dur) | 1/2 lb |
| 1 | œuf | 1 |
| 6 | jaunes d'œuf | 6 |
| 15 ml | lait | 1 c. à soupe |
| 20 ml | huile d'olive | 1 1/2 c. à soupe |

### Méthode

1. Faire une fontaine avec la farine ; mettre l'œuf et les jaunes dans le centre et mélanger.

2. Ajouter le lait et l'huile d'olive ; bien pétrir. Lorsque la couleur jaune prononcé du mélange pâlit, vous avez une bonne indication que votre pétrissage est réussi ; votre pâte est alors souple, élastique, mais toujours humide.

3. Bien l'emballer dans une pellicule plastique et laisser reposer au froid pendant au moins 2 heures.

## TUILES DE CHEDDAR DE CHÈVRE

### DONNE 6 TUILES

| | | |
|---|---|---|
| 90 g | de cheddar de chèvre râpé (on peut substituer par du parmigiano regiano) | 6 1/2 oz |

### Méthode

Préchauffer le four à 190 °C (375 °F). Sur une petite plaque recouverte de papier parchemin, étaler de petits cercles de 8 cm (3 po) de fromage râpé. Cuire pendant environ 5 minutes ou jusqu'à ce qu'ils deviennent dorés. Laisser refroidir et réserver.

## RIS DE VEAU

*Le ris de veau entre dans la catégorie des abats (tout comme le foie ou les rognons). Le ris est une glande de croissance qui s'atrophie lorsque l'animal devient mature, c'est-à-dire lorsque le veau devient bœuf.*

*Le ris de veau est très recherché par ses amateurs ; malheureusement, beaucoup le méconnaissent ou se méprennent sur son goût ou sa texture.*

*Dans notre famille, c'était un mets de fête, que l'on cuisinait pour les belles occasions. Notre recette préférée était le ris de veau aux champignons et à la crème. Hmmm ! Délicieux, fondant ; le goût fin des champignons qui se propage dans la crème et les morceaux de ris qui ponctuent le plat de leur moelleuse texture... C'était si bon que j'en ai fait la première recette de ris de veau de mon restaurant.*

*Les plus grands obstacles que rencontrent les cuisiniers amateurs qui veulent le préparer sont de deux types :*

- *Obtenir de belles noix de ris de veau frais (on dit aussi pommes ou cœurs de ris) ;*

- *Parer (ou dénerver) les ris correctement.*

*Voici donc une recette de base pour cuisiner le ris de veau. Vous pourrez l'ajuster selon les saisons, les arrivages ou votre inspiration, comme on le fait à L'Eau à la Bouche.*

### POUR 6 PERSONNES

### Ingrédients

| | | |
|---|---|---|
| 1 kg | noix de ris de veau frais | 2 lb |
| | beurre clarifié en quantité suffisante | |
| | sel, au goût | |
| 1 tasse | mirepoix composée de petits dés de : céleri, oignons ou poireaux et carottes | 250 ml |
| 25 ml | vinaigre de vin blanc | 2 c. à soupe |
| 100 ml | vin blanc | 1/2 tasse |
| | tiges de persil | |
| 500 ml | fond de veau (voir recette en page 18) | 2 tasses |
| 1 | noix de beurre | 1 |

## Méthode

1. Choisir de très beaux ris de veau (ronds, fermes et sans trop de nervures).

2. Faire tremper les ris dans de l'eau salée pendant 4 heures environ. Égoutter.

3. Les parer, à cru (enlever, avec un petit couteau bien tranchant, toutes les parties de texture différente).

4. Préchauffer le four à 160 °C (325 °F). Dans un poêlon à fond épais allant au four, fondre le beurre clarifié à feu moyen et faire revenir les ris de chaque côté, en prenant soin de bien les colorer. Saler. Retirer du poêlon et réserver.

5. Verser la mirepoix dans le poêlon, colorer légèrement, déglacer avec le vinaigre de vin et mouiller avec le vin blanc. Ajouter le persil, les ris réservés et le fond de veau.

6. Braiser au four pendant 20 minutes environ.

7. Retirer du four, enlever les ris et réserver. Couler le jus de cuisson dans une passoire (chinois) au-dessus d'une petite casserole et le laisser réduire de moitié à feu moyen. Réserver le tout.

Voilà votre ris de veau prêt à continuer son parcours dans une autre recette.

—

## SAUCE TIÈDE À L'HUILE D'OLIVE VIERGE LÉGÈREMENT CRÉMÉE

*La sauce à l'huile d'olive vierge légèrement crémée que j'ai développée à L'Eau à la Bouche est délicieuse et si facile à réaliser : tout est dans le dosage des ingrédients.*

*J'utilise deux corps gras différents – presque à l'opposé dans la tradition culinaire –, l'huile d'olive et la crème. J'y ajoute un élément acide (qui pourrait être un vinaigre fin ou un jus d'agrumes), du sel et quelques parfums. Et voilà une sauce prête à mettre en valeur bien des préparations, une sauce minute que j'interprète de nombreuses manières, selon les ingrédients du marché qui m'inspirent le plus.*

*Je la porte à ébullition au dernier moment pour ne pas dénaturer le goût fin de l'huile d'olive.*

### POUR 6 PERSONNES

### Ingrédients

| | | |
|---|---|---|
| 90 ml | huile d'olive vierge, 1ère pression | 1/3 tasse |
| 65 ml | crème 35 % | 1/4 tasse |
| 30 ml | jus de citron ou d'agrumes (ou cidre naturel, ou vin de la meilleure qualité, ou xérès…) | 2 c. à soupe |
| | sel, au goût | |
| | quelques gouttes de sauce tabasco | |

### Méthode

1. Mélanger tous les ingrédients.

2. Porter à ébullition et laisser chauffer pendant une demi-minute (pas plus).

3. Au dernier moment, ajouter les ingrédients qui personnaliseront cette sauce.

## CARAMEL D'HYDROMEL AUX ÉPICES (SAUCE AIGRE-DOUCE)

*J'ai mis au point cette recette lorsque j'ai découvert les merveilleux hydromels (vin de miel) que produit ma région. J'en ai toujours à portée de la main. Ce « caramel » d'hydromel et de miel est très utile pour mes préparations aigres-douces : il n'est pas trop sucré et se conserve au froid de nombreuses semaines.*

### DONNE 250 ML (1 TASSE)

### Ingrédients

| | | |
|---|---|---|
| 175 ml | hydromel Cuvée du Diable | 1/2 tasse |
| 180 g | miel | 3/4 tasse |
| 125 ml | vinaigre de vin blanc | 1/2 tasse |

### Épices

| | | |
|---|---|---|
| 2 g | poivre noir | 1 c. à thé |
| 2 g | piment de la Jamaïque | 1 c. à thé |
| 2 g | poivre rose | 1 c. à thé |
| 2 g | cardamome, entière | 1 c. à thé |
| 2 g | anis étoilé | 1 c. à thé |
| 2 g | baies de genièvre | 1 c. à thé |

### Méthode

1. Concasser les épices au pilon ou au moulin et en laisser infuser les 4/5 dans l'hydromel, préalablement amené à ébullition, pendant environ 10 minutes. Filtrer et réserver.

2. Cuire 200 g de miel, au petit boulé – 110 °C (230 °F) – pendant 5 minutes ; le décuire avec le vinaigre.

3. Faire bouillir pendant 4 minutes, ajouter l'hydromel épicé et faire évaporer pendant 4 minutes. Retirer du feu ; ajouter le reste d'épices.

   Voilà la sauce prête; elle pourra se conserver, au froid, pendant plusieurs semaines.

## La fin de mars,

c'est la fonte des neiges, des jours plus chauds et plus longs, mais les nuits, encore glaciales permettent la montée et la coulée de la sève de nos érables à sucre. Ce phénomène est un bon exemple de cadeau de la nature nordique à la gourmandise, car toutes les variétés d'érable ne sont pas propices à ce prodige ● qui donne ce merveilleux sirop doré. C'est vrai-

# printemps

ment notre particularité climatique qui réveille l'érable à sucre et lui permet de donner, pendant quelques semaines, ce liquide suave.

Il est banal aujourd'hui de parler du réveil de la nature, des petits oiseaux et tout et tout. Quand même, après les longs mois de froidure en noir et blanc, il est réconfortant de sentir que le temps se radoucit, il est réjouissant d'entendre les oiseaux nicheurs turluter tôt le matin, il est agréable de respirer l'odeur de l'eau du ruisseau qui se gonfle ou celle des boisés qui renaissent et de rafraîchir nos yeux en regardant les forêts se parer de petites touches de vert pâle, d'inflorescences blanches, rose tendre ou jaune vif.

Avant même que les feuilles garnissent complètement les arbres, le sous-bois est percé de primeurs délicieuses. Au printemps elles sont les premières à débouler dans ma cuisine, ces pousses printanières sauvages cueillies dans les forêts, les prairies ou au bord des lacs par François Brouillard, que je surnomme mon vagabond des bois et qui est un ramasseur astucieux et compétent. Il cueille les très hâtives têtes de violon – ou crosses de fougère –, les feuilles d'érythrone, les poireaux de quenouille…

Puis, de l'Abitibi, je reçois des morilles boréales. De la terre émanent des odeurs d'humus, les forêts se couvrent d'un duvet vert très pâle qui dégage une belle fraîcheur, la nature renaît et nous en sommes tout remués. La ciboulette de mon jardin pointe comme cent aiguilles d'un vert soutenu, elle est déjà en pleine croissance, elle allonge deux fois par jour ! Les jolies pensées miniatures et vivaces repoussent, multipliées par dix, petites taches rares et brillantes. On s'empresse de les cueillir et de parsemer subtilement les salades de ces taches violettes ou jaunes.

Avril, c'est aussi le début de la saison de pêche dans le golfe Saint-Laurent. Le merveilleux et délicat crabe des neiges, les petites crevettes nordiques, fondantes et presque sucrées. Mai… Enfin le homard de nos eaux froides arrive, sans pareil ; je sais que nos amis français ne jurent que par leur homard breton, mais j'ose les contredire et je prétends que celui de notre estuaire est plus sucré et plus tendre. Disons que j'ai un préjugé favorable ! N'empêche que c'est stimulant de recevoir en cuisine ces petits bijoux de la mer, et de leur redonner vie grâce à une recette qui les met en valeur.

Nos maraîchers des Basses-Laurentides commencent leur saison avec les asperges vertes ou blanches. Là encore, quand ces pointes vertes arrivent sur nos comptoirs, les plats verdissent, s'acidulent !

Et la rhubarbe (sait-on à Montréal que les Basses-Laurentides sont les plus importants producteurs de rhubarbe du Québec ?) Il y en a une, la *Serbi*, produite par la ferme de Serge Bigras ; elle est d'un rouge ! J'adore la rhubarbe ; son petit goût acidulé de façon soutenue est inimitable. J'en fais une recette avec des oignons caramélisés et du poivre long pour servir avec une escalope poêlée de foie gras frais de canard, ou encore avec une terrine de gibier. Je pense que la rhubarbe contrebalance merveilleusement le foie gras. Au printemps, c'est un ingrédient extraordinaire pour équilibrer les saveurs trop douces.

De plus, les régions de Sainte-Anne-des-Plaines et de Saint-Joseph-du-Lac sont des paradis de la production des petits fruits. À la fin du printemps, pour la Saint-Jean-Baptiste, les belles fraises éclatent de saveur sur nos étals. Que de variétés ! et il y en aura jusqu'à l'automne avec la fameuse fraise remontante. Avec l'été qui arrive, c'est une succession de petits fruits – framboises, cerises, catherinettes, baies d'amélanchier, mûres, cassis, bleuets – qui déboulent dans nos cuisines. Cuisine salée ou cuisine sucrée, on joue de ces petites baies comme avec des notes de musique pour ponctuer nos plats.

DANIEL BAILLARD, DANS SES SERRES À MIRABEL

# Duo

## « Semoule » de chou-fleur au homard de la Gaspésie, parfum de coriandre et de gingembre
## et
## « Tartare » de pétoncles du golfe Saint-Laurent au caviar de truite du Témiscamingue

Je cuisine ces deux recettes depuis plusieurs années, parfois en solo mais le plus souvent en duo. Je les interprète selon l'inspiration de la saison. J'en change les parfums, les saveurs, les ingrédients.

Je garde l'idée de base qui, dans la première recette, est d'utiliser la texture un peu croquante et rafraîchissante du chou-fleur émietté comme une semoule et de la marier au goût puissant du homard, secondé par les arômes du gingembre et de la coriandre. Dans l'autre recette, c'est plutôt l'idée de travailler un poisson (comme le thon, le saumon ou encore le pétoncle) à la manière d'un tartare en le jumelant aux excellents caviars de nos lacs nordiques. Le jeu de textures différentes balance le tout.

# « *Semoule* » de chou-fleur au homard de la Gaspésie, parfum de coriandre et de gingembre

## INGRÉDIENTS

| | | |
|---|---|---|
| 1 | gros homard de l'Atlantique | 1 |
| | *ou* | |
| 250 g | chair de homard de l'Atlantique, cuite | 1/2 lb |
| 1/2 | chou-fleur frais | 1/2 |
| | jus de 1 citron | |
| 1 paquet | coriandre fraîche, hachée | 1 paquet |
| 15 ml | gingembre frais, râpé | 1 c. à soupe |
| 1/2 | poivron rouge, en petits dés | 1/2 |
| 3 | oignons verts, émincés | 3 |
| 90 ml | huile d'olive vierge | 6 c. à soupe |
| | sauce tabasco, au goût | |
| 80 g | œufs de poisson volant orange, aussi nommé tobiko (facultatif) | 3 oz |
| | sel, au goût | |

## Mise en place

1. Cuire les homards à l'eau bouillante salée et les décortiquer (réserver au froid les coffres et leur intérieur pour préparer un fumet bien concentré, pour utilisation future). Couper la chair des homards, garder les pinces pour la finition. Réserver au froid.

2. Séparer les fleurettes du chou-fleur cru et réduire en semoule à l'aide d'un robot culinaire – utiliser la fonction intermittente – jusqu'à l'obtention de la grosseur désirée.

3. Mettre la semoule ainsi obtenue dans un bol et arroser du jus de citron. Réserver au froid.

# Assemblage

4. *Trente minutes avant de servir, mélanger la chair des homards avec 50 ml (3 c. à soupe) d'huile d'olive, un peu de jus de citron, la moitié de la coriandre hachée, du gingembre rapé, des poivrons en petits dés, de l'oignon émincé et quelques gouttes de sauce tabasco. Réserver.*

5. *Mélanger la semoule de chou-fleur avec 40 ml (3 c. à soupe) d'huile d'olive, le reste des ingrédients de l'étape 4 et les œufs de poisson volant (facultatif). Goûter; saler et ajouter quelques gouttes de sauce tabasco. Réserver.*

6. *Dans des assiettes froides (si possible, dans des cercles de finition), déposer, dans l'ordre, la semoule, le homard, 1/2 pince de homard et une petite feuille de coriandre.*

*Duo «semoule» et «tartare»*

# « *Tartare* » *de pétoncles du golfe Saint-Laurent au caviar de truite du Témiscamingue*

## INGRÉDIENTS

| | | |
|---|---|---|
| 30 ml | huile d'olive vierge de la meilleure qualité | 2 c. à soupe |
| | sel, au goût | |
| 15 ml | moutarde de Dijon | 1 c. à soupe |
| 125 g | pétoncles frais, bien nettoyés, muscle enlevé | 4 oz |
| 1/2 | concombre, épluché de moitié et épépiné | 1/2 |
| 4 | oignons verts émincés | 4 |
| 1 | citron vert, zeste et jus | 1 |
| | sauce tabasco | |
| 40 g | caviar de truite | 2 oz |

## MISE EN PLACE

1. Couper les pétoncles bien nettoyés, le concombre et les oignons verts en petits dés. Réserver au froid.

## ASSEMBLAGE

2. Quinze minutes avant de servir, mélanger les dés de concombre et d'oignons verts, les pétoncles avec l'huile d'olive, le zeste et le jus de citron vert. Ajouter la moutarde, saler et arroser de quelques gouttes de sauce tabasco. Bien mélanger, goûter et rectifier l'assaisonnement.

3. Déposer dans de petits cercles (ou autres moules disponibles) ; ajouter le caviar dessus. Dresser dans des assiettes froides.

# Demi-homard des Îles-de-la-Madeleine

## poché doucement au beurre monté, poireaux, asperges vertes et morilles sautés, sauce corail

*Cette recette est d'une préparation un peu longue, mais la saveur obtenue est irrésistible pour les amateurs de homard : avec ses légumes, c'est tout le parfum du printemps qui s'en dégage. Le truc, c'est de se donner assez de temps pour préparer la première cuisson des homards.*

ENTRÉE POUR 4 PERSONNES

## INGRÉDIENTS

| | | |
|---|---|---|
| 2 | homards de 750 g (1 1/2 lb) | 2 |
| 450 ml | eau | 1 3/4 tasse |
| 450 g | beurre doux, coupé en cubes | 1 lb |
| | sel, au goût | |
| | sauce tabasco | |
| 20 | grosses morilles de saison, nettoyées | 20 |
| 1/2 | poireau ciselé | 1/2 |
| 12 | asperges blanchies, taillées en biseau | 12 |

# Mise en place

1. PRÉPARER LE HOMARD. *Mettre à bouillir assez d'eau pour couvrir les deux homards, plonger ceux-ci dans l'eau bouillante pendant 4 minutes, à feu éteint. Les retirer de l'eau et en détacher les coffres ainsi que les queues ; jeter ces dernières dans de l'eau glacée. Remettre les pinces dans l'eau bouillante pendant encore 5 minutes, puis les mettre elles aussi dans l'eau glacée – les carapaces seront à peine rouges.*

2. *Égoutter et décortiquer les morceaux de homard en prenant soin de garder la forme naturelle des chairs ; les 4 pinces et les 2 queues – coupées en deux sur la longueur – seront encore transparentes, à demi cuites. Réserver ; réserver aussi les parties intérieures et les œufs, s'il y en a, au froid.*

3. PRÉPARER LE BEURRE MONTÉ. *Faire bouillir 450 ml (1 3/4 tasse) d'eau et y ajouter les 3/4 des cubes de beurre en fouettant doucement. Saler généreusement, ajouter quelques gouttes de sauce tabasco et réserver sur un bain-marie.*

# Assemblage

4. HOMARD. *Ajouter les morceaux de homard réservés au beurre monté ; laisser pocher doucement au bain-marie pendant cinq minutes, jusqu'à ce que la chair devienne opaque. Dans cette recette, l'utilisation du beurre monté au bain-marie prévient la cuisson excessive, car la température n'y dépasse pas 90 °C (194 °F), ce qui permet une coagulation des protéines sans le durcissement provoqué par la température au-delà de 100 °C (212 °F).*

5. LÉGUMES. *Entre-temps, faire fondre le reste du beurre dans un poêlon ; y faire revenir les morilles et le poireau pendant quelques minutes à feu moyen. Au dernier moment, ajouter les asperges blanchies, saler. Déposer dans le fond des assiettes chaudes.*

6. SAUCE. *Finir la sauce en prélevant l'équivalent de 150 ml (1/2 tasse) du beurre monté et ajouter 60 ml (1/4 tasse) des parties intérieures et des œufs réservés ; fouetter doucement, goûter et rectifier l'assaisonnement.*

7. *Dans des assiettes chaudes, déposer une demi-queue et une pince de homard sur les légumes sautés et verser la sauce.*

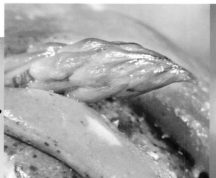

## Demi-homard des Îles-de-la-Madeleine

# Escalope de foie gras frais de canard poêlée

## salsa de rhubarbe et d'oignon, jus de canard aigre-doux au poivre long

*Depuis quelques années, des fermes québécoises élaborent avec savoir-faire une production de foie gras frais de canard de haute qualité qui n'a rien à envier à leurs cousins européens. Cet abat a un goût très fin, est très délicat à travailler et coûte très cher. Dire qu'au début des années 1980, aucune ferme d'ici ne l'offrait alors que maintenant, au restaurant, chaque saison a sa recette de foie gras poêlé…*

ENTRÉE POUR 4 PERSONNES

## INGRÉDIENTS

| | | |
|---|---|---|
| 30 ml | d'huile d'olive | 2 c. à soupe |
| 1 | échalote émincée | 1 |
| 750 ml | rhubarbe rouge Serbi des Basses-Laurentides, coupée en petits dés et dégorgée dans 125 ml (1/2 tasse) de sucre pendant au moins une demi-journée | 3 tasses |
| 8 | gros grains de poivre long (de Madagascar, d'Indonésie ou une autre variété), dont 4 sont écrasés en mignonnette fine | 8 |
| 75 ml | vinaigre de cidre | 5 c. à soupe |
| 200 ml | cidre | 3/4 tasse |
| 400 ml | fond de canard (ou de volaille, bien réduit) sel, au goût | 1 1/2 tasse |
| 1 | oignon émincé | 1 |
| 4 | escalopes de 100 g (3 1/2 oz) de foie gras frais cru de canard | 4 |

# Mise en place

1. SAUCE. *Dans une petite casserole, chauffer un peu d'huile d'olive à feu moyen. Colorer l'échalote avec 125 ml (1/2 tasse) de rhubarbe. Ajouter la moitié du poivre écrasé.*

2. *Déglacer avec le vinaigre de cidre, mouiller avec le cidre, laisser réduire presque à sec, ajouter le fond de viande et laisser réduire encore. Lorsqu'il ne reste plus que 300 ml (1 1/4 tasse) de liquide, couler dans une passoire (chinois). Goûter et saler au goût. Ajouter les 4 grains de poivre long et réserver.*

3. SALSA. *Dans un poêlon, faire blondir à feu moyen l'oignon dans un peu d'huile d'olive. Ajouter le reste de la rhubarbe dégorgée et égouttée, ajouter l'autre moitié du poivre écrasé. Ne pas trop cuire. Goûter et saler au goût. Réserver au chaud.*

# Assemblage

4. *Dans un poêlon antiadhésif, saisir les escalopes de foie gras de chaque côté à feu assez vif, pendant quelques minutes. Saler au goût, retirer du feu, égoutter et réserver au chaud.*

5. *Dresser sur des assiettes bien chaudes la salsa de rhubarbe. Déposer ensuite les escalopes sur la salsa et napper de la sauce, en dégageant bien chaque grain de poivre, pour le décor.*

*Escalope de foie gras frais*

# Salade aux saveurs printanières

## foie gras de canard mi-cuit, asperges, pensées du jardin, vinaigrette au miel et noix de pin rôties

*Cette salade constitue une entrée spectaculaire pour un repas particulièrement soigné. Assembler un produit de luxe tel le foie gras frais et des verdures, des fleurs et des légumes printaniers peut sembler surprenant, mais le contraste entre ces goûts forme un tout délicieux et très facile à réaliser.*

ENTRÉE POUR 4 PERSONNES

## INGRÉDIENTS

| | | |
|---|---|---|
| 20 ml | vinaigre de cidre naturel de Saint-Joseph-du-Lac | 4 c. à thé |
| | sel, au goût | |
| 15 ml | miel naturel des Laurentides | 1 c. à soupe |
| 100 ml | huile de tournesol | 1/2 tasse |
| 40 g | noix de pin | 1 1/2 oz |
| 200 g | foie gras mi-cuit (voir recette en page 161) | 7 oz |
| 16 | têtes de violon, blanchies | 16 |
| 16 | pointes d'asperges vertes, blanchies | 16 |
| 200 g | mélange de petites verdures (poirée, tatsoy ou le mélange de votre choix) | 7 oz |
| 15 | petites pensées de jardin (violas) | 15 |

# Mise en place

1. VINAIGRETTE. *Bien mélanger le vinaigre de cidre, le sel et le miel ; ajouter l'huile, goûter et réserver.*

2. *Dans un petit poêlon, rôtir à sec les noix de pin ; réserver.*

3. *Couper les morceaux de foie gras.*

# Assemblage

4. *Mélanger la vinaigrette, les têtes de violon, les pointes d'asperges, les petites verdures. Placer joliment dans des assiettes froides ; ajouter les morceaux de foie gras, les noix de pin et les pensées.*

**L'EAU À LA BOUCHE**
LES 4 SAISONS
SELON ANNE DESJARDINS

## Salade aux saveurs printanières

# Cannelloni aux morilles boréales

## et au fromage Duo du Paradis de Mont-Laurier, jus de veau au xérès, tuiles de cheddar de chèvre, violas du jardin

 *Voici une recette inspirée des traditions italiennes interprétée avec des produits de chez nous.*

*Évidemment, les morilles sont un peu chères, mais la recette est délicieuse aussi avec d'autres variétés de champignons.*

ENTRÉE POUR 6 PERSONNES

### INGRÉDIENTS

| | | |
|---|---|---|
| 300 g | épinards | 10 oz |
| 200 g | fromage Duo du Paradis de Mont-Laurier, râpé | 7 oz |
| 200 g | fromage ricotta | 7 oz |
| 1 | œuf | 1 |
| 200 g | morilles fraîches, coupées en morceaux | 7 oz |
| 50 g | beurre | 2 oz |
| 3 | échalotes émincées | 3 |
| | sel, au goût | |
| | muscade | |
| 200 g | pâte fraîche (voir recette en p. 19) | 7 oz |
| 20 ml | vinaigre de xérès | 4 c. à thé |
| 100 ml | xérès | 1/2 tasse |
| 500 ml | fond de veau | 2 tasses |
| 50 g | morilles séchées | 2 oz |
| 80 g | cheddar de chèvre, râpé | 3 oz |
| | violas (petites pensées) | |

# Mise en place

1. CANNELLONI *(peuvent se préparer à l'avance)*. Préparer la farce : laver et blanchir les épinards ; refroidir, égoutter et hacher grossièrement. Déposer dans un bol ; ajouter le fromage Duo du Paradis, *la ricotta et l'œuf. Réserver.*

2. *Dans un petit poêlon, faire revenir les morilles fraîches avec 1/3 du beurre, ajouter les 2/3 des échalotes, cuire encore 2 minutes à feu moyen. Laisser refroidir.*

3. *Ajouter les morilles refroidies aux épinards, bien mélanger à la fourchette ; goûter, saler et saupoudrer de muscade. Réserver au frais.*

4. *Préparer la pâte : avec un petit laminoir, amincir la pâte pour obtenir des rectangles de 10 cm (4 po). Cuire dans de l'eau bouillante salée pendant 1 minute (jusqu'à ce qu'ils remontent à la surface), égoutter et assécher sur des serviettes propres.*

5. *Déposer un peu de farce dans chaque rectangle ; rouler et placer dans un petit plat creux beurré allant au four. Réserver.*

6. SAUCE. *Dans une casserole, faire fondre 1/3 du beurre à feu vif,* colorer le reste des échalotes, déglacer avec le vinaigre de xérès, mouiller avec le xérès et 400 ml (1 1/2 tasse) de fond de veau. Ajouter les morilles séchées et laisser réduire de moitié à feu moyen. Couler dans une passoire (chinois). Goûter et assaisonner. Réserver.

7. TUILES DE CHEDDAR DE CHÈVRE. *(voir recette en page 19)*

# Assemblage

8. *Préchauffer le four à 190 °C (375 °F). Verser les 100 ml (1/2 tasse) de fond de veau restants dans le petit plat creux des cannelloni, enfourner et cuire pendant environ 15 minutes.*

9. *Chauffer la sauce et ajouter le reste du beurre.*

10. *Dans des assiettes chaudes, déposer les cannelloni, les entourer de sauce, ajouter la tuile de cheddar de chèvre et décorer avec les violas.*

*Cannelloni aux morilles boréales*

# Filet d'omble chevalier

## rôti sur sa peau, purée de pommes de terre à la fourchette, pleurotes, sauce mousseuse à l'huile d'olive

*L'omble, un très beau poisson d'eau douce de la famille des salmonidés, tout comme sa cousine la truite : chair délicate et fondante, peau sans écailles et brillante, mouchetée de rouge.*

PLAT POUR 4 PERSONNES

## INGRÉDIENTS

| | | |
|---|---|---|
| 1 | échalote émincée | 1 |
| 100 ml | huile d'olive vierge | 1/2 tasse |
| 175 ml | vin blanc | 1/2 tasse |
| 200 ml | fumet de poisson (voir recette en page 19) | 3/4 tasse |
| 15 ml | gingembre frais, haché | 1 c. à soupe |
| 50 ml | crème 35 % | 3 c. à soupe |
| | sel, au goût | |
| 4 | pommes de terre rattes | 4 |
| | ou | |
| 2 | pommes de terre Yukon Gold | 2 |
| 4 | filets d'omble chevalier de 75 g (2 oz) chacun | 4 |
| 100 g | pleurotes | 4 oz |
| 50 ml | lait | 3 c. à soupe |
| | chips de pommes de terre (facultatif) | |

# Mise en place

1. SAUCE. *Dans un poêlon, faire revenir l'échalote émincée dans un peu d'huile d'olive à feu moyen, déglacer avec le vin blanc, mouiller avec le fumet de poisson ; ajouter 8 ml (1/2 c. à soupe) du gingembre et la crème. Laisser réduire ; goûter et saler au goût. Couler dans une passoire (chinois). Réserver.*

2. *Préparer une purée grossière en mélangeant les pommes de terre écrasées à la fourchette avec 50 ml (3 c. à soupe) de l'huile d'olive ; goûter et saler au goût. Réserver au chaud.*

# Assemblage

3. *Chauffer un poêlon à feu moyen, y verser un peu d'huile d'olive ; déposer les filets d'omble, côté peau ; saler. Ne pas trop cuire.*

4. *Entre-temps, dans un autre poêlon, faire revenir les pleurotes à feu moyen dans un peu d'huile d'olive ; assaisonner avec le reste du gingembre frais et saler au goût.*

5. *Mettre les légumes dans des assiettes creuses chaudes, déposer le filet d'omble sur les légumes. Faire chauffer la sauce, y ajouter le lait et faire mousser à l'aide du mélangeur à main. Verser cette sauce sur le poisson.*

6. *Décorer de chips de pommes de terre (facultatif).*

## Filet d'omble chevalier rôti

# Filet de cabillaud

*poêlé à l'huile d'olive vierge,
paillasson d'asperges vertes et blanches
des Laurentides, jus d'agrumes
à l'estragon nouveau*

*Une savoureuse entrée printanière (ou un plat principal si on double les quantités). Si vous ne trouvez pas d'asperges blanches, doublez la quantité d'asperges vertes.*

*Je prépare cette recette avec le cabillaud – que nous nommons souvent morue au Québec –, mais mon fils Emmanuel préfère la lotte. Par conséquent vous pourrez acheter un autre poisson à chair assez ferme et déguster cette recette fraîcheur à votre goût.*

PLAT POUR 4 PERSONNES

## INGRÉDIENTS

| | | |
|---|---|---|
| 12 | asperges vertes, fraîches | 12 |
| 8 | asperges blanches, fraîches | 8 |
| | jus de 1/2 citron vert, de 1/2 orange et de 1/2 pamplemousse | |
| 30 ml | Pernod | 2 c. à soupe |
| 100 ml | crème 35 % | 1/2 tasse |
| 100 ml | huile d'olive vierge | 1/2 tasse |
| | sel, au goût | |
| | sauce tabasco | |
| | brins d'estragon frais | |
| 4 | filets de cabillaud de 100 g (3 1/2 oz) chacun | 4 |
| | zeste de 1/2 citron vert, de 1/2 orange et de 1/2 pamplemousse | |

# Mise en place

1. ASPERGES. Éplucher les asperges, les parer et les couper en morceaux de même longueur ; blanchir et refroidir. Réserver.

2. SAUCE. Dans une petite casserole, verser les jus d'agrumes, le Pernod et la crème ; faire bouillir pendant 2 minutes. Ajouter 80 ml d'huile d'olive, saler au goût. Ajouter quelques gouttes de sauce tabasco et quelques feuilles d'estragon frais. Réserver au chaud.

# Assemblage

3. Chauffer un poêlon à feu moyen, y verser un peu d'huile d'olive ; déposer les filets de cabillaud, saler, cuire pendant quelques minutes de chaque côté. Saupoudrer de zeste d'agrumes et de quelques brins d'estragon frais.

4. Parallèlement, dans un petit poêlon et un peu d'huile d'olive, remettre à feu doux les asperges à température. Saler, saupoudrer de zeste d'agrumes et parsemer de quelques feuilles d'estragon.

5. Dans des assiettes chaudes, déposer le cabillaud sur les asperges disposées en forme de petit paillasson ; verser la sauce. Garnir joliment l'assiette de zeste d'agrumes et de brins d'estragon.

## Filet de cabillaud poêlé à l'huile d'olive vierge

# Suprême de pintade rôti

## effiloché du cuisseau braisé, parmentier de champignons sauvages et cultivés, sauce au xérès

L'élevage de la pintade, au Québec, ne date que de quelques années, mais j'ai rapidement adopté cet oiseau à la chair fine et moelleuse, assez typée. Je la cuisine elle aussi selon les saisons.

PLAT POUR 4 PERSONNES

## INGRÉDIENTS

| | | |
|---|---|---|
| 1 | pintade | 1 |
| 3 | échalotes roses | 3 |
| 2 | gousses d'ail | 2 |
| 1 paquet | thym frais | 1 paquet |
| | épices (3 clous de girofle, 5 baies de genièvre) | |
| 300 ml | xérès | 1 1/4 tasse |
| | quelques gouttes de vinaigre de xérès | |
| | sel, au goût | |
| 5 | grosses pommes de terre Yukon Gold | 5 |
| 200 g | beurre doux | 7 oz |
| 500 g | mélange de champignons (de Paris, shitakee, morilles) | 1 lb |
| 50 ml | huile d'olive | 3 c. à soupe |
| 3 | échalotes vertes, hachées finement | 3 |

# Mise en place

1. PINTADE. *Préchauffer le four à 135 °C (275 °F). Enlever les cuisses de la pintade et les déposer – avec les échalotes roses, les gousses d'ail, des tiges de thym, les épices, le xérès, quelques gouttes de vinaigre de xérès, ainsi que du sel – dans une petite cocotte bien fermée ; braiser au four pendant 2 1/2 heures.*

2. *Entre-temps, désosser les blancs en gardant la peau et l'aileron. Réserver au froid.*

3. *Lorsque les cuisses seront prêtes, les désosser et réserver au chaud. Couler le jus de cuisson dans une passoire (chinois).*

4. PURÉE. *Préparer une purée avec les pommes de terre et le beurre ; goûter et saler au goût ; réserver au chaud. Poêler les champignons dans l'huile d'olive, saler et, à la fin, ajouter les échalotes vertes ; laisser égoutter et réserver au chaud.*

5. *Dans un poêlon à fond épais, cuire les blancs de pintade avec du beurre, à feu moyen ; saler. Aux trois quarts de la cuisson, ajouter le jus corsé réservé à l'étape n° 3 et laisser la cuisson se terminer doucement en émiettant des feuilles de thym sur la préparation.*

# Assemblage

6. *Dresser sur des assiettes chaudes. Dans des cercles de finition de 7,5 cm (3 po), déposer de la cuisse braisée et effilochée, des champignons et terminer par la purée. Couper chaque blanc de pintade en trois tranches épaisses. Rectifier le goût de la sauce avec du sel, une goutte de vinaigre de xérès et du beurre. Décorer d'une tige de thym.*

## Suprême de pintade rôti

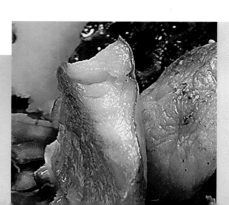

# Porc cuisiné deux manières –
## – le filet juste poêlé et l'épaule braisée doucement – aux épices traditionnelles du Québec

J'ai mis au point cette recette lors d'un de mes voyages comme chef invitée à l'extérieur du pays. Je voulais présenter une facette de notre cuisine actuelle inspirée de la tradition.

Cette recette se prépare par étapes : l'épaule que l'on braisera, le filet que l'on cuira au moment du service, et les légumes qui auront leur propre traitement.

PLAT POUR 8 PERSONNES

## INGRÉDIENTS

| | | |
|---|---|---|
| 1 | petite épaule de porc sur os | 1 |
| 3 | oignons | 3 |
| 1 | tête d'ail | 1 |
| 125 ml | cidre | 1/2 tasse |
| | tiges de thym frais | |
| 10 ml | épices moulues (clou de girofle, muscade, piment de la Jamaïque) | 2 c. à thé |
| | sel | |
| 1 | grosse carotte, coupe paysanne (en petits biseaux) | 1 |
| 1 | gros panais, coupe paysanne | 1 |
| 1 | petite rave, coupe paysanne | 1 |
| 1 | racine de persil, coupe paysanne | 1 |
| 500 g | pomme de terre Yukon Gold | 1 lb |
| | huile d'olive de cuisson en quantité suffisante | |
| 500 g | filet de porc (environ 60 g [2 oz] par personne) | 1 lb |
| 150 g | beurre doux | 5 oz |

# Mise en place

1. PORC BRAISÉ. *Préchauffer le four à 120 °C (250 °F). Dans une marmite en fonte émaillée (si possible), déposer l'épaule de porc avec les oignons, l'ail et le cidre ; ajouter quelques feuilles de thym et 5 ml (1 c. à thé) du mélange d'épices ; bien saler. Couvrir et braiser très lentement au four pendant 5 1/2 heures.*

2. *Entre-temps, blanchir les légumes racines et réserver.*

3. SAUCE. *Lorsque l'épaule est cuite, la retirer de la marmite et la désosser ; réserver la chair au chaud. Couler les jus de cuisson dans une passoire et les récupérer dans une petite casserole ; faire réduire la moitié de ce liquide – l'autre moitié servira à la cuisson des pommes de terre. Vérifier l'assaisonnement… la sauce est prête.*

4. POMMES DE TERRE. *Cuire les pommes de terre dans le jus de cuisson. Égoutter et réserver au chaud.*

# Assemblage

5. *Préchauffer le four à 205 °C (400 °F). Dans un poêlon allant au four, chauffer un peu d'huile d'olive à feu vif et saisir le filet de porc coupé en médaillons ; saler et saupoudrer du reste du mélange d'épices, retirer du poêlon et terminer la cuisson au four pendant 5 minutes. Laisser reposer.*

6. *Entre-temps, dans un autre poêlon, chauffer un peu d'huile d'olive à feu vif et faire revenir les légumes blanchis ; saler. Écraser à la fourchette les pommes de terre avec un peu de beurre, saler et parfumer au thym.*

7. *Dresser joliment dans de belles grandes assiettes chaudes et arroser de la sauce.*

## Porc cuisiné deux manières

# *Fromage* Laracam
## *de monsieur Guilbault, de Lanaudière, gelée de jus de pomme parfumée au cumin*

*Martin Guilbault et sa famille ont mis au point ce fromage de lait (de vache) cru au goût assez prononcé. C'est délicieux.*

*Les pommes des vergers de Saint-Joseph-du-Lac et d'Oka m'inspirent toujours. Préparer une gelée de jus de pomme frais, légèrement parfumée au cumin ; accompagner de pain de seigle grillé.*

POUR 4 PERSONNES

## INGRÉDIENTS

| | | |
|---|---|---|
| 3 feuilles | gélatine | 3 feuilles |
| 250 ml | jus de pomme frais (si possible extrait à la centrifugeuse de 2 grosses pommes Empire) | 1 tasse |
| 1 | pincée de sel | 1 |
| 1 | pincée de sucre | 1 |
| | quelques graines de cumin | |
| | jus de citron, au goût | |
| 1 | fromage Laracam | 1 |
| | pain de seigle | |

# Mise en place

1. GELÉE *(à préparer 1 heure à l'avance). Faire gonfler la géla-tine dans un peu d'eau froide. Porter à ébullition le jus de pomme et les assaisonnements et laisser infuser pendant 2 minutes; y dissoudre la gélatine. Couler dans une passoire (chinois) au-dessus d'un petit plat creux. Laisser prendre au froid. Réserver.*

# Assemblage

2. *Chambrer le fromage quelques heures avant de servir.*

3. *Au moment de déguster, décou-per la gelée de pomme en gros dés, couper le pain de seigle en tranches fines et servir.*

## Fromage Laracam

# Gâteau quatre-quarts tiède
## au beurre d'érable, glace à l'érable et compotée de rhubarbe au vieux balsamique et au poivre long

*J'aime beaucoup cette recette, un clin d'œil à la tradition où la rhubarbe au vinaigre balsamique épicée au poivre contrebalance le goût très sucré de l'érable.*

*La recette de crème glacée au sirop d'érable est, quant à elle, un classique de L'Eau à la Bouche que je fais depuis les tout débuts.*

POUR 10 PERSONNES

## INGRÉDIENTS

### QUATRE-QUARTS

| | | |
|---|---|---|
| 250 g | beurre d'érable | 8 oz |
| 75 g | chocolat blanc | 3 oz |
| 5 | gros œufs, jaunes et blancs séparés | 5 |
| 150 g | sucre | 5 oz |
| 150 g | beurre non salé | 5 oz |
| 150 g | farine | 5 oz |
| 15 ml | beurre ramolli | 1 c. à soupe |

### COMPOTE À LA RHUBARBE

| | | |
|---|---|---|
| 500 g | rhubarbe | 1 lb |
| 500 g | sucre | 1 lb |
| 3 grains | poivre long | 3 grains |
| 100 ml | vinaigre balsamique | 1/2 tasse |

### GLACE À L'ÉRABLE

| | | |
|---|---|---|
| 1/2 l | crème 35 % | 2 tasses |
| 270 ml | sirop d'érable | 1 tasse |

# Mise en place

1. CENTRE D'ÉRABLE (*faire la veille et réserver au congélateur*). *Dans un bain-marie, fondre le beurre d'érable et le chocolat blanc, laisser refroidir partiellement. À l'aide d'une cuillère, former 10 petites portions. Réserver au congélateur.*

2. *Dans un bol, battre les jaunes d'œuf, le sucre et le beurre non salé (moins 30 ml [2 c. à soupe]) au malaxeur. Ajouter doucement la farine. Dans un autre bol, battre les blancs d'œuf en neige avec les 30 ml (2 c. à soupe) de sucre réservé. Incorporer délicatement au premier mélange.*

3. *Badigeonner les ramequins avec le beurre ramolli.*

4. *Remplir à moitié chaque ramequin de l'appareil réalisé à l'étape 2, y déposer une portion du mélange beurre d'érable-chocolat blanc. Réserver au congélateur. Finir de remplir avec ce qui reste de l'appareil. Réserver au congélateur pendant 1 journée.*

5. *Une demi-heure avant de servir, préchauffer le four à 190 °C (375 °F). Enfariner les ramequins et cuire pendant environ 15 minutes (vérifier).*

6. CARAMEL ET COMPOTE À LA RHUBARBE (*peut se faire la veille*). *Couper la rhubarbe en petits morceaux, mettre dans un bol et ajouter 250 g (8 oz) du sucre. Couvrir et réserver au froid. Après quelques heures, récupérer le liquide que la rhubarbe aura dégorgé. Dans une casserole, mettre la moitié de ce liquide, le reste du sucre et le poivre ; laisser réduire jusqu'à l'obtention d'un caramel (134 °C [273 °F]), décuire avec le vinaigre balsamique. Ajouter le caramel chaud sur les morceaux de rhubarbe égouttés et, s'il y a lieu, détendre la compote avec le reste de l'eau de rhubarbe.*

7. GLACE À L'ÉRABLE. *Turbiner la crème et le sirop d'érable dans une sorbetière ; réserver au congélateur (bien sûr, si on ne possède pas de sorbetière, on achète sa glace à l'érable chez son fournisseur favori !). Aucun besoin d'enrichir cette glace avec des jaunes d'œuf, puisque la viscosité naturelle du sirop d'érable empêche la cristallisation hâtive de la crème glacée.*

# Assemblage

8. *Dans chaque assiette, déposer un petit gâteau chaud, un peu de la compote de rhubarbe, une boule de glace à l'érable et un trait de caramel balsamique. Servir.*

# Gâteau quatre-quarts tiède

**Enfin l'été,** il est si court chez nous, mais si intense. Chaud, très chaud : au cœur de juillet, la température a des pointes autour de 40 °C. C'est humide aussi ; alors tout pousse, vite. Les fleurs, les fruits, les légumes, c'est l'abondance. Le paysage est joli partout. Et au restaurant, c'est LA saison. Les villégiateurs et les touristes profitent de leurs vacances, le cahier de réservation est plein, nous sommes tous comme de petites abeilles et nous travaillons à transformer des produits magnifiques en petits plats qui feront plaisir aux clients.

# été

C'est la ronde des producteurs. Ils arrivent dans les cuisines de *L'Eau à la Bouche* et proposent des framboises qui brillent, tellement elles regorgent de jus parfumé, ou encore des chanterelles fraîchement cueillies ; ou bien c'est Terry, d'*Insalada,* qui arrive avec ses primeurs, ou Pierre qui revient de Saint-Joseph-du-Lac avec les baies d'amélanchier, les cassis, les cerises ou les framboises noires des vergers ; ou bien la *Maison Bourassa* qui, dès le début d'août, vend les merveilleux petits bleuets sauvages des Hautes-Laurentides.

Bien sûr, le miel est offert à longueur d'année, mais celui de la nouvelle saison estivale est des plus parfumés, car notre situation nordique devient un avantage, tant la courte floraison est diversifiée et abondante.

J'ai un faible pour la ferme apicole Desrochers, de Ferme-Neuve dans les Hautes-Laurentides, et ses espaces naturels, non contaminés par la pollution industrielle. Les abeilles y produisent des miels parfumés et naturels, qui ne seront pas pasteurisés ; j'adore le miel de menthe sauvage qu'Anicet Desrochers sait récolter, ou encore celui qui provient des fleurs printanières. Je ne peux que reconnaître un grand savoir-faire dans le fameux hydromel *Cuvée du diable* que Claude et Marie-Claude élaborent et font vieillir dans des fûts de chêne. Une merveille !

Dans mon jardin, des fleurs comestibles comme l'hémérocalle, à la saveur de miel sauvage, la capucine poivrée, la monarde pourpre au goût d'épice, ou bien la bourrache délicieuse, et bien d'autres encore. C'est aussi la saison des herbes aromatiques : ciboulette, basilic, estragon, coriandre, sauge, menthe à profusion.

François Brouillard, vagabond des bois, ramasseur-cueilleur des bourgeons d'asclépiade, des pousses de pourpier, de la moutarde ou du sedum sauvage ; des rivages du Saint-Laurent il peut tirer un mesclun maritime de feuilles de caquillier, de tiges tendres de salicorne, de plantain marin, de sabline.

Nos maraîchers commencent à nous inonder de toutes les productions possibles : radis de deux couleurs, tomate d'antan, concombre, maïs, courgette, pâtisson, mini-carotte boule ou blanche, laitue de type mizuna, chrysanthème ou tatsoy, arroche, betterave rose, jaune ou blanche.

Les ramasseurs de champignons continuent de nous proposer chanterelles, mousserons et lactaires.

Le fleuve Saint-Laurent nous offre oursins, esturgeons, anguilles et écrevisses, et nos lacs, dorés, corégones, truites.

De nos élevages québécois, nous obtenons foie gras frais, cailles, pintades, chevreaux. La liste d'été pourrait s'allonger encore longtemps…

PAGES PRÉCÉDENTES: LE VAGABOND DES BOIS, FRANÇOIS BROUILLARD
À DROITE: LES FLEURS DU JARDIN DE L'EAU À LA BOUCHE

# Gaspacho aux tomates biologiques

## tartare de pétoncles et confetti de poivrons, granité de tomates jaunes

 *L'été, avec les belles tomates de nos producteurs, il fait beau, il fait chaud.*

*Voici une recette tout inspirée de l'abondance de nos marchés, une soupe froide de tradition espagnole, mais interprétée à ma façon !*

*Profitez de la variété des tomates de votre jardin, de celui de votre voisin ou encore, plus sûrement, de celui de nos maraîchers. Essayez cette recette avec des tomates jaunes, des Zebra. Pour ce qui est du tartare, vous pourriez aussi le faire avec du thon.*

ENTRÉE POUR 6 PERSONNES

## INGRÉDIENTS

### GASPACHO

| | | |
|---|---|---|
| 5 | grosses tomates biologiques | 5 |
| 2 | poivrons, épépinés et coupés en gros morceaux (réserver 15 ml [1 c. à soupe] de poivron coupé en très petits dés pour la finition) | 2 |
| 1 | concombre épluché et coupé en petits dés | 1 |
| 1 | échalote | 1 |
| 30 ml | vinaigre de cidre de Saint-Joseph-du-Lac ou xérès | 2 c. à soupe |
| 1 | citron vert, jus et zeste | 1 |
| 75 ml | huile d'olive | 5 c. à soupe |
| 60 ml | coriandre fraîche, hachée | 4 c. à soupe |
| | sel, au goût | |
| | quelques gouttes de sauce tabasco | |

## GRANITÉ DE TOMATES JAUNES

| | | |
|---|---|---|
| 250 ml | jus de tomate (biologique) fraîche | 1 tasse |
| | quelques gouttes de jus de citron vert | |
| 5 ml | sucre | 1 c. à thé |
| | sel, au goût | |
| | quelques gouttes de sauce tabasco | |

## TARTARE DE PÉTONCLES

| | | |
|---|---|---|
| 180 g | pétoncles crus, parés | 6 oz |
| 15 ml | jus de citron vert | 1 c. à soupe |
| 15 ml | huile d'olive | 1 c. à soupe |
| | sel, au goût | |
| | quelques gouttes de sauce tabasco | |

# Mise en place

1. GASPACHO. *Blanchir les tomates et les peler. Couper en morceaux et réduire en purée au mélangeur ; couler au tamis fin. Réserver 250 ml (1 tasse) de ce jus frais.*

2. *Remettre le reste du jus de tomate au mélangeur ; y ajouter les autres ingrédients du gaspacho. Bien mélanger, rectifier l'assaisonnement si nécessaire. Réserver au frais.*

3. GRANITÉ DE TOMATES. *Au jus de tomate réservé à l'étape 1, ajouter les ingrédients de la recette du granité ; verser dans un contenant plat et mettre au congélateur pendant au moins 4 heures.*

# Assemblage

4. *Une heure avant de servir, couper les pétoncles en petits cubes. Bien y incorporer les autres ingrédients du tartare et réserver au frais.*

5. *Au moment de servir, verser le gaspacho dans de belles assiettes creuses froides ; ajouter 2 cuillerées de pétoncles marinés au centre, puis un peu de poivron en très petits dés et de coriandre hachée. Gratter le granité de tomate avec une fourchette et le déposer sur les pétoncles.*

*Gaspacho aux tomates biologiques*

# Salade de canard fumé,
## julienne de betteraves jaunes, pourpier du potager et mûres sauvages

*Légère, jolie, facile à faire, une délicieuse salade d'été… On peut varier les petits fruits qui l'accompagnent selon les arrivages du marché. Ceux-ci donnent toujours un petit goût d'été ! Un repas du midi ou une entrée pour un grand dîner. Toute la fraîcheur des petits fruits qui ouvrent l'appétit !*

ENTRÉE POUR 4 PERSONNES

## INGRÉDIENTS

|  |  |  |
|---|---|---|
|  | sel, au goût |  |
| 3 ml | moutarde de Dijon | 1/2 c. à thé |
| 1 petit casseau | mûres (sauvages) | 1 petit casseau |
| 30 ml | vinaigre de cidre naturel de Saint-Joseph-du-Lac | 2 c. à soupe |
| 100 ml | huile d'olive vierge | 1/2 tasse |
| 1 | magret de canard fumé (dans certaines épiceries ou boucheries) | 1 |
| 2 | grosses betteraves jaunes, cuites et pelées | 2 |
| 500 g | pourpier (ou mâche, ou jeunes pousses d'épinard) | 2 lb |

# Mise en place

1. VINAIGRETTE. *Mélanger le sel et la moutarde avec 5 mûres écrasées, le vinaigre de cidre et l'huile d'olive. Réserver.*

2. *Enlever le gras et trancher finement le magret de canard. Réserver.*

3. *Tailler les deux betteraves en julienne et mélanger avec la moitié de la vinaigrette.*

# Assemblage

4. *Dans le centre d'assiettes froides, répartir la julienne de betteraves ; l'entourer de canard fumé. Mélanger le pourpier et le reste de la vinaigrette ; disposer sur le pourtour, parsemer de mûres et, pourquoi pas, de petites fleurs du jardin.*

# Salade de canard fumé

# Méli-mélo de légumes du potager
## et des champs à l'huile de noisette et aux pétales de fleurs, crème brûlée à l'ail doux

*Cette recette reprend un classique favori des clients. Je la nomme* crème brûlée *mais, dans les faits, c'est ce que l'on appelle en cuisine classique une* royale. *Onctueuse, parfumée à l'ail adouci par la cuisson, elle accompagne à merveille les petits légumes frais de l'été.*

## INGRÉDIENTS

| | | |
|---|---|---|
| 25 | gousses d'ail, épluchées et dégermées | 25 |
| 250 ml | crème 35 % | 1 tasse |
| 90 ml | lait entier | 6 c. à soupe |
| 3 | jaunes d'œuf | 3 |
| 1 | œuf entier | 1 |
| 1 | pincée de muscade, fraîchement râpée | 1 |
| 5 | légumes différents, au choix, blanchis (par exemple : 6 jeunes carottes avec fanes, 6 betteraves miniatures, 6 asperges, 6 courgettes miniatures, 6 radis) | 5 |
| | pétales de fleurs du jardin : bourrache, calendula, viola | |
| 150 g | cheddar de chèvre, fraîchement râpé | 5 oz |

### VINAIGRETTE

| | | |
|---|---|---|
| 15 g | sel | 1/2 oz |
| 60 ml | vinaigre de cidre | 4 c. à soupe |
| 200 ml | huile de noisette | 3/4 tasse |
| 5 ml | huile de sésame rôti | 1 c. à thé |

# Mise en place

1. Vinaigrette. *Dissoudre le sel dans le vinaigre de cidre ; ajouter l'huile de noisette et l'huile de sésame rôti. Bien mélanger et réserver.*

2. Crème brûlée. *Préchauffer le four à 95 °C (200 °F). Dans une petite casserole, blanchir les gousses d'ail pendant 2 minutes dans une petite quantité d'eau bouillante ; égoutter. Renouveler l'eau bouillante et faire bouillir de nouveau les gousses d'ail jusqu'à cuisson complète. Égoutter.*

3. *Dans la jarre du mélangeur, déposer les gousses d'ail cuites et les autres ingrédients, excepté le cheddar de chèvre. Bien mélanger. Goûter et rectifier l'assaisonnement s'il y a lieu.*

4. *Verser dans 6 ramequins de 100 ml (1/2 tasse) chacun, allant au four. Déposer sur une plaque à biscuits et cuire pendant 40 minutes environ.*

5. *Retirer du four et laisser refroidir.*

# Assemblage

6. *Au moment de servir, saupoudrer de cheddar de chèvre et gratiner légèrement sous le grill.*

7. *Mélanger les légumes et la vinaigrette. Dans des assiettes, placer joliment les légumes avec la crème brûlée et parsemer de fleurettes.*

*Crème brûlée
à l'ail doux*

# Filet de truite au parfum
## de gingembre, réduction de jus de carotte à l'hydromel de Ferme-Neuve monté au beurre

*La truite fait partie du patrimoine culinaire du Québec, mais il est interdit de vendre les délicieuses truites indigènes sauvages. Heureusement, plusieurs pisciculteurs en produisent d'excellentes.*

*La chair fine de la truite se marie très bien à cette sauce au goût un peu pointu.*

*J'ai commencé à faire cette recette dans les années 1980 à la suite d'un séminaire où j'avais goûté un sandre au jus de carotte du chef français Gérard Vié. Par la suite, j'ai eu envie de le cuisiner à ma façon, avec des produits de ma région.*

ENTRÉE POUR 4 PERSONNES

## INGRÉDIENTS

| | | |
|---|---|---|
| | julienne de carottes, en accompagnement | |
| 100 g | beurre doux | 4 oz |
| 4 | filets de truite de 80 g (3 oz) chacun | 4 |
| | sel, au goût | |
| 1 | citron, zeste et jus | 1 |
| 45 ml | gingembre frais, râpé | 3 c. à soupe |
| 4 | carottes (pour obtenir 250 ml [1 tasse] de jus) | 4 |
| 1 | échalote émincée | 1 |
| 200 ml | hydromel | 3/4 tasse |

# Mise en place

1. LÉGUMES : *carottes émincées et blanchies. Réserver.*

2. TRUITE : *Faire fondre la moitié du beurre et en badigeonner les filets de truite. Saupoudrer du sel, le zeste de citron et 1 c. à soupe de gingembre râpé. Replier le filet de truite en spirale et le déposer dans un plat creux, beurré. Réserver au froid.*

3. SAUCE : *Passer les 4 carottes à la centrifugeuse (ou acheter du jus de carotte à l'épicerie), de manière à obtenir 250 ml (1 tasse) de jus.*

4. *Dans une petite casserole, fondre une noix de beurre et blondir l'échalote émincée ; ajouter 1 c. à soupe de gingembre râpé, 1 c. à soupe de jus de citron et l'hydromel. Réduire pendant 2 minutes, ajouter le jus de carotte ; laisser réduire de moitié, couler dans une passoire (chinois). Goûter et saler. Réserver.*

# Assemblage

5. *Préchauffer le four à 205 °C (400 °F). Cuire les truites au four pendant 5 minutes environ (vérifier).*

6. *Chauffer la sauce ; ajouter le reste du beurre, en mélangeant doucement.*

7. *Faire revenir les légumes à feu moyen avec une noix de beurre et 1 c. à soupe de gingembre râpé. Saler et déposer dans le centre des assiettes chaudes.*

8. *Couvrir les légumes d'une spirale de truite et arroser de sauce. Décorer joliment.*

## Filet de truite au parfum de gingembre

**L'EAU À LA BOUCHE**

LES 4 SAISONS
SELON ANNE DESJARDINS

# Gros pétoncles

## du golfe Saint-Laurent rôtis à l'unilatéral, fondue de tomates d'été au basilic et à la salicorne, sauce tiède à l'huile d'olive vierge légèrement crémée

*Cette recette est maintenant un classique de L'Eau à la Bouche, où je la cuisine depuis presque vingt ans. La sauce à l'huile d'olive légèrement crémée que j'ai développée pour cette recette est délicieuse et si facile à réaliser : tout est dans le dosage des ingrédients.*

ENTRÉE POUR 6 PERSONNES

(DOUBLER LES QUANTITÉS POUR SERVIR EN PLAT PRINCIPAL)

## INGRÉDIENTS

### PÉTONCLES RÔTIS

| | | |
|---|---|---|
| 5 ml | huile d'olive vierge | 1 c. à thé |
| 18 | gros pétoncles frais (3 par personne) | 18 |
| 100 g | salicorne du Saint-Laurent, parée et blanchie | 3 oz |
| | sel, au goût | |

### FONDUE DE TOMATES

| | | |
|---|---|---|
| 1 | petit oignon, émincé | 1 |
| 50 ml | huile d'olive vierge | 3 c. à soupe |
| 200 ml | tomates mondées, coupées en gros morceaux et égouttées | 3/4 tasse |
| | sel et sauce tabasco, au goût | |
| 5 feuilles | basilic émincé | 5 feuilles |

### SAUCE

| | | |
|---|---|---|
| 150 ml | huile d'olive vierge | 1/2 tasse |

| | | |
|---|---|---|
| 100 ml | crème 35 % | 1/2 tasse |
| 60 ml | jus de citron | 4 c. à soupe |
| | sel et sauce tabasco, au goût | |
| 5 feuilles | basilic émincé | 5 feuilles |

# Mise en place

1. FONDUE DE TOMATES. *Dans une petite casserole, faire blondir l'oignon dans l'huile d'olive puis ajouter les tomates égouttées. Cuire à feu doux pendant 5 minutes ; goûter et assaisonner avec le sel et la sauce tabasco. Ajouter le basilic émincé. Réserver.*

2. SAUCE. *Mélanger les ingrédients, à l'exception du basilic. Réserver.*

# Assemblage

3. *Dans un poêlon antiadhésif ou en acier inoxydable très épais, verser 5 ml (1 c. à thé) d'huile d'olive, déposer les pétoncles et bien les saisir à feu vif d'un seul côté ; cuire jusqu'à ce que la moitié du pétoncle devienne opaque et saupoudrer de sel.*

4. *Réchauffer la fondue de tomates.*

5. *Dans un petit poêlon, faire revenir la salicorne dans un peu d'huile d'olive à feu doux.*

6. *Porter la sauce à ébullition pendant une demi-minute. Ajouter le basilic au dernier moment.*

7. *Au centre d'assiettes chaudes, répartir la fondue de tomates et la salicorne, les entourer des pétoncles rôtis à l'unilatéral et arroser le pourtour de sauce.*

## Gros pétoncles du golfe Saint-Laurent

# Petite aubergine aux chanterelles

## et aux tomates cerises de nos maraîchers des Basses-Laurentides, oignons verts et parfum de basilic, jus de veau corsé

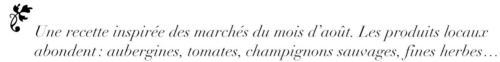

*Une recette inspirée des marchés du mois d'août. Les produits locaux abondent : aubergines, tomates, champignons sauvages, fines herbes…*

*La fraîcheur et les couleurs sont garantes du plaisir de cuisiner ce plat.*

*Si l'on préfère une recette plus substantielle, on peut ajouter du fromage. Le Duo du Paradis de Mont-Laurier serait excellent.*

ENTRÉE POUR 4 PERSONNES

## INGRÉDIENTS

| | | |
|---|---|---|
| 4 | petites aubergines d'environ 11 cm (4 1/2 po) | 4 |
| 75 ml | huile d'olive vierge | 5 c. à soupe |
| 20 | tomates cerises | 20 |
| 200 g | chanterelles | 7 oz |
| 15 ml | vinaigre balsamique | 1 c. à soupe |
| 100 ml | vin rouge | 1/2 tasse |
| 250 ml | jus de veau corsé (voir recette en page 18) | 1 tasse |
| 4 | oignons verts, émincés | 4 |
| | feuilles de basilic, émincées, en quantité suffisante | |
| | sel, au goût | |
| | sauce tabasco | |

# Mise en place

1. AUBERGINES. *Préchauffer le four à 205 °C (400 °F). Couper les aubergines en deux et badigeonner les surfaces coupées de l'huile d'olive. Déposer sur une plaque allant au four et cuire pendant 20 minutes environ. Laisser tiédir. Retirer la chair des aubergines avec un petit couteau et une petite cuillère. Réserver la chair et les coquilles ainsi obtenues.*

2. TOMATES ET CHANTERELLES. *Couper les tomates miniatures en deux (je ne recommande pas de les monder) ; réserver. Nettoyer les chanterelles et les couper si elles sont trop grosses ; réserver.*

3. SAUCE. *Dans une petite casserole, à feu moyen, réduire ensemble le vinaigre balsamique et le vin rouge, ajouter le jus de veau, réduire de moitié. Goûter et rectifier. Réserver.*

# Assemblage

4. SERVICE. *Préchauffer le four à 150 °C (300 °F). Réchauffer les coquilles d'aubergine.*

5. *Dans un poêlon, faire revenir les chanterelles dans un peu d'huile d'olive vierge à feu moyen pendant quelques minutes ; ajouter les tomates et la chair d'aubergine réservée. Cuire pendant quelques minutes. Ajouter les oignons verts et le basilic ; goûter, ajouter le sel et quelques gouttes de sauce tabasco.*

6. *Dans des assiettes chaudes, déposer les coquilles d'aubergine chaudes, y répartir le contenu du poêlon ; verser la sauce à l'intérieur et autour des coquilles.*

7. *Décorer avec une jolie feuille de basilic.*

## Petite aubergine
## aux chanterelles

# Ravioli au fromage de chèvre
## de Chatham, poêlée de champignons sauvages, jus de veau

*J'adore les ravioli. Au restaurant, selon la saison et mon inspiration je varie la recette. Celle-ci est tout en finesse et riche en saveur. Il faut exécuter cette recette, un peu longue à préparer, par étapes : la pâte et les ravioli en premier, les autres préparations au dernier moment.*

*La farce des ravioli est travaillée avec un peu de gélatine pour lui donner une texture très coulante en bouche au moment de la dégustation, et c'est délicieux.*

ENTRÉE POUR 6 PERSONNES

## INGRÉDIENTS

| | | |
|---|---|---|
| 1/2 recette | pâte fraîche (voir recette en page 19) | 1/2 recette |
| 1 | œuf battu pour sceller les ravioli | 1 |
| | **FARCE À RAVIOLI AU FROMAGE DE CHÈVRE** | |
| 100 g | fromage de chèvre frais | 3 oz |
| 1 | échalote émincée | 1 |
| 15 ml | huile d'olive | 1 c. à soupe |
| 60 ml | vin blanc | 4 c. à soupe |
| 50 ml | crème 35 % | 3 c. à soupe |
| 2 | feuilles de gélatine | 2 |
| | **CHAMPIGNONS** | |
| 300 g | champignons sauvages (pleurotes ou shitakee peuvent remplacer) | 10 oz |
| 30 ml | huile d'olive vierge | 2 c. à soupe |
| | sel, au goût | |
| 2 | oignons verts, émincés | 2 |
| 60 ml | xérès | 4 c. à soupe |
| 300 ml | jus de veau corsé (voir recette en page 18) | 1 1/4 tasse |
| 15 ml | beurre | 1 c. à soupe |

# Mise en place

1. FARCE AU FROMAGE DE CHÈVRE. *Mettre le fromage dans un bol. Dans un petit poêlon, faire revenir l'échalote dans un peu d'huile d'olive, mouiller avec le vin blanc, réduire presque à sec et incorporer au fromage de chèvre.*

2. *Dans une petite casserole, porter la crème à ébullition, ajouter la gélatine gonflée dans un peu d'eau froide et incorporer à la préparation de fromage de chèvre chaude. Réserver.*

3. RAVIOLI. *Préparer la pâte pour 18 ravioli (3 par personne : voir la recette de base en page 19). Faire les ravioli en laminant la pâte finement, étaler chaque ruban de pâte sur une surface légèrement enfarinée. Sur la moitié des rubans de pâte, déposer 15 ml (1 c. à soupe) de farce au fromage, tous les 4 cm (1,5 po). Badigeonner de l'œuf battu entre les petits monticules de farce, déposer l'autre moitié de pâte laminée sur ce ruban de pâte. Couper entre les monticules. Réserver au frais sur une surface légèrement enfarinée.*

# Assemblage

5. CHAMPIGNONS. *Dans un poêlon, faire revenir les champignons dans l'huile d'olive, saler et ajouter l'oignon vert ; réserver dans un petit plat au chaud. Déglacer le poêlon avec le xérès et le jus de veau, réduire de moitié, ajouter le beurre ; goûter, saler et réserver.*

6. *Cuire les ravioli dans l'eau bouillante salée (1 ou 2 minutes suffisent, car il s'agit de pâte fraîche). Égoutter. Attention c'est assez fragile !*

7. *Dans des assiettes chaudes, déposer les ravioli par-dessus les champignons, et napper de sauce. Déguster !*

*Ravioli au fromage de chèvre*

# Filet de doré aux écrevisses

## du Saint-Laurent, poivrons et courgettes, pâtisson miniature, sauce au parfum de basilic

*Couleurs et saveurs de l'été !*

*Le doré, un poisson d'eau douce à la chair des plus délicates, et les rouges écrevisses qu'il n'y a pas si longtemps nos pêcheurs du fleuve Saint-Laurent rejetaient.*

*Cette recette est tout inspirée de l'abondance des produits de l'été.*

*Amateurs de pêches, à vos lignes !*

*Les cuisiniers amateurs vont aimer exécuter cette recette toute simple.*

PLAT POUR 4 PERSONNES

## INGRÉDIENTS

|  | *huile d'olive vierge en quantité suffisante* |  |
|---|---|---|
| 4 | *oignons verts émincés* | 4 |
| 2 | *gousses d'ail émincées* | 2 |
| 1 | *orange, zeste et jus* | 1 |
| 200 ml | *vermouth blanc* | 3/4 tasse |
| 300 ml | *eau* | 1 1/4 tasse |
|  | *sel et sauce tabasco, au goût* |  |
| 12 | *écrevisses du Saint-Laurent, vivantes* | 12 |
| 4 | *filets de doré de 175 g (6 oz) chacun* | 4 |
|  | *feuilles de basilic frais, émincé* |  |
| 1 | *poivron rouge, émincé* | 1 |
| 8 | *pâtissons miniatures, émincés* | 8 |
|  | ou |  |
| 1 | *courgette émincée* | 1 |

# Mise en place

1. ÉCREVISSES. *Dans un petit poêlon, verser un peu d'huile d'olive et faire revenir les oignons verts, l'ail et la moitié du zeste d'orange ; mouiller avec le jus d'orange, le vermouth blanc et l'eau. Saler et ajouter quelques gouttes de sauce tabasco.*

2. *Plonger les écrevisses dans ce liquide bouillant. Couvrir la casserole et laisser mijoter pendant 3 minutes environ (ne pas trop cuire) ; quand elles sont à peine rouges, retirer les écrevisses de la casserole.*

3. *Séparer les queues et les petits coffres des écrevisses ; réserver les queues décortiquées, remettre les carapaces dans le liquide et réduire le bouillon de moitié. Couler dans une passoire (chinois). Réserver ce fumet et garder 4 têtes d'écrevisse pour la finition du plat ; jeter le reste.*

# Assemblage

4. *Préchauffer le four à température de réchaud : 65 °C (150 °F).*

5. *Dans un poêlon à fond épais ou antiadhésif, verser un peu d'huile d'olive. Cuire les filets de doré de chaque côté, à feu moyen, pendant quelques minutes seulement, retirer du poêlon. Déposer dans un plat allant au four ; saler, parsemer du reste du zeste d'orange et du basilic. Réserver au chaud dans le four.*

6. *Dans le même poêlon, avec un peu d'huile d'olive, faire revenir les légumes émincés et les queues d'écrevisse ; les retirer et les réserver, avec les filets de doré, dans le four.*

7. *Déglacer le poêlon avec le fumet d'écrevisse ; réduire, goûter ; ajouter sel, sauce Tabasco et basilic frais.*

8. *Dans le centre d'assiettes chaudes, disposer les légumes et les queues d'écrevisse, déposer dessus le filet de doré ; napper de sauce et décorer avec les têtes d'écrevisse.*

## Filet de doré aux écrevisses

# Filet de flétan de l'Atlantique
## herbes maritimes et chanterelles, écume au parfum de champignons et de gingembre

*Champignons, gingembre et poisson, mariage de saveurs contrastées, douces et pourtant pointues.*

*Si vous ne pouvez obtenir d'herbettes maritimes, vous pourriez aussi bien utiliser de jeunes épinards ou des courgettes, en julienne ou émincées.*

PLAT POUR 4 PERSONNES

## INGRÉDIENTS

| | | |
|---|---|---|
| 1 | échalote émincée | 1 |
| | huile de canola biologique | |
| 15 ml | vinaigre de cidre naturel de Saint-Joseph-du-Lac | 1 c. à soupe |
| 150 ml | cidre sec de Saint-Joseph-du-Lac | 1/2 tasse |
| 150 ml | eau | 1/2 tasse |
| 50 g | champignons sauvages séchés | 2 oz |
| 45 ml | racine de gingembre frais, râpé | 3 c. à soupe |
| 4 | filets de flétan de l'Atlantique frais de 175 g (6 oz) chacun | 4 |
| | sel, au goût | |
| 120 g | chanterelles fraîches | 4 oz |
| 200 g | mélange d'arroche de mer, de salicorne (ou d'épinards et de roquette) | 7 oz |
| 12 | tomates cerises, coupées en quatre | 12 |
| 150 ml | lait | 1/2 tasse |

# Mise en place

1. SAUCE. *Dans un poêlon, faire revenir l'échalote à feu moyen dans un peu d'huile de canola, déglacer avec le vinaigre et le cidre ; ajouter l'eau et infuser les champignons sauvages et 1 c. à soupe de gingembre dans ce fumet, laisser frémir et réduire de moitié, couler dans une passoire (chinois). Réserver.*

# Assemblage

2. *Au moment de servir, préchauffer le four à température de réchaud (65 °C [150 °F]). Dans un poêlon à fond épais ou antiadhésif, verser un peu d'huile de canola et cuire les filets de flétan de chaque côté pendant quelques minutes, à feu moyen. Retirer du poêlon, déposer dans un plat allant au four, saler, ajouter 1 c. à soupe de gingembre râpé et réserver au chaud dans le four.*

3. *Dans le même poêlon, faire revenir les chanterelles à feu moyen dans un peu d'huile de canola ; les retirer. Ajouter les légumes et 1 c. à soupe de gingembre râpé, goûter et saler.*

4. *Chauffer la sauce en ajoutant le lait, goûter et rectifier s'il y a lieu (ne pas faire bouillir) ; retirer du feu. Faire mousser à l'aide du mélangeur à main pour former la sauce-écume.*

5. *Dans le centre des assiettes chaudes, dresser les légumes et les chanterelles, déposer dessus le filet de flétan. Napper de sauce-écume.*

L'EAU À LA BOUCHE
LES 4 SAISONS
SELON ANNE DESJARDINS

## Filet de flétan de l'Atlantique

# Suprême de pigeonneau
## de Bellechasse rôti, cippolini rôtis et jus de cuisson aux petits fruits de Saint-Joseph-du-Lac

 *Depuis quelques années, dans Bellechasse, on élève des pigeons d'une qualité remarquable. J'aime bien le goût de ces oiseaux à chair rouge, dont la saveur rappelle celle de la sauvagine.*

*Il faut cuire les pigeonneaux jusqu'à ce que leur chair soit rosée « à la goutte de sang », pour en apprécier toute la délicatesse, et sur os de préférence.*

*Avec les volailles, j'aime les sauces aigres-douces aux petites baies ; choisir, au goût, mûres, cerises Morency, framboises, cassis, baies d'amélanchier, bleuets…*

PLAT POUR 4 PERSONNES

### INGRÉDIENTS

| | | |
|---|---|---|
| 4 | pigeonneaux de Bellechasse frais | 4 |
| 250 ml | jus de volaille corsé (fait avec les os du pigeonneau, voir recette en page 18) | 1 tasse |
| 120 g | beurre | 4 oz |
| 1 | échalote émincée | 1 |
| 4 | baies de genièvre | 4 |
| 200 g | petits fruits (baies) | 7 oz |
| | tiges de thym frais | |
| 30 ml | vinaigre balsamique | 2 c. à soupe |
| 125 ml | vin rouge du vignoble de Negondos de Saint-Joseph | 1/2 tasse |
| 12 | petits cippolini (primeurs) ou autres petits oignons très doux sel, au goût | 12 |

# Mise en place

1. *Désosser les pigeonneaux, en gardant les suprêmes sur l'os, n'enlever ni la peau ni l'aileron, déposer des tiges de thym sur la chair. Réserver au frais. Avec les carcasses et les cuisses, préparer un jus de volaille corsé (voir recette en page 18).*

2. SAUCE. *Dans un poêlon, faire revenir, dans un peu de beurre (30 gr / 1/2 c. à soupe), l'échalote, les baies de genièvre, les petits fruits et quelques tiges de thym. Déglacer avec le vinaigre et le vin ; ajouter le jus de pigeon (ou de volaille) corsé. Laisser mijoter et réduire de moitié. Couler dans une passoire (chinois). Réserver.*

3. *Dans un autre poêlon, cuire les cippolini (ou les oignons) à feu doux dans un peu de beurre. Saler et laisser caraméliser. Réserver.*

# Assemblage

4. *Préchauffer le four à 65 °C (150 °F). Dans un poêlon épais, cuire les suprêmes de pigeon (côté peau d'abord) avec un peu de beurre (30 gr / 1/2 c. à soupe), à feu moyen ; bien colorer, puis cuire l'autre côté jusqu'à ce que la chair soit rosée. Retirer du poêlon, saler et laisser reposer dans le four.*

5. *Dégraisser le poêlon, ajouter la sauce ainsi que les petits fruits réservés. Goûter la sauce et ajouter une noix de beurre (30 gr / 1/2 c. à soupe) et du sel au goût.*

6. *Lever les suprêmes cuits rosés de l'os en laissant l'aileron.*

7. *Dans des assiettes chaudes, déposer les cippolini (ou les oignons) et les deux suprêmes de pigeonneau ; napper de la sauce aux petits fruits. Décorer de tiges de thym.*

## Suprême de pigeonneau de Bellechasse

L'EAU À LA BOUCHE

LES 4 SAISONS
SELON ANNE DESJARDINS

# Lapin cuisiné deux manières

## – le râble poêlé et les cuisses braisées lentement –, aubergine, poireaux et tomates aux copeaux d'olives, jus de cuisson au vin rouge et à l'ail doux

*J'ai commencé il y quelques années à cuisiner les viandes deux manières ; cette façon de faire permet de déguster et, surtout, de découvrir de nouvelles saveurs. Je module toujours mes recettes selon les saisons et presque toujours en deux préparations.*

PLAT POUR 8 PERSONNES

## INGRÉDIENTS

| | | |
|---|---|---|
| 2 | poireaux, parés et émincés | 2 |
| 200 g | olives noires, dénoyautées | 7 oz |
| I | branche de céleri, en dés | I |
| 2 | grosses tomates, coupées en gros morceaux | 2 |
| 3 | feuilles de laurier | 3 |
| 12 | grosses gousses d'ail, épluchées | 12 |
| 2 | lapins, les râbles désossés et les cuisses sur os | 2 |
| 30 ml | vinaigre de vin rouge | 2 c. à soupe |
| 1/2 bouteille | vin rouge du vignoble de Negondos tiges de thym et de romarin | 1/2 bouteille |
| I | grosse aubergine, pelée et coupée en dés | I |
| 24 | tomates cerises, coupées en deux | 24 |
| 100 ml | huile d'olive vierge sel, au goût sel de mer | 1/2 tasse |

# Mise en place

1. CUISSES BRAISÉES. *Préchauffer le four à 138 °C (280 °F).*

2. *Dans une braisière, mettre la moitié du poireau et des olives, le céleri et les tomates ; ajouter le laurier et 5 gousses d'ail.*

3. *Déposer les cuisses sur les légumes, arroser du vinaigre de vin et du vin, émietter dessus les tiges de romarin et de thym et couvrir.*

4. *Mettre au four et cuire pendant 2 heures. Dans la dernière demi-heure, arroser les cuisses à deux reprises avec le jus de cuisson.*

5. *Retirer du four, couler le jus de cuisson dans une passoire (chinois) en écrasant bien les légumes pour en extraire toutes les saveurs. Dégraisser le liquide ainsi obtenu et faire réduire de moitié. Réserver.*

6. *Désosser les cuisses cuites, arroser la viande de 75 ml (5 c. à soupe) du jus de cuisson réduit. Couvrir de papier d'aluminium et réserver au four réchaud.*

7. AUBERGINE. *Dans un poêlon, faire revenir l'aubergine à feu moyen avec les tomates cerises et ce qui reste des poireaux et des olives dans un peu d'huile d'olive ; saler. Réserver au chaud.*

# Assemblage

8. *Dans un poêlon à fond épais, cuire doucement les râbles de lapin avec un peu d'huile d'olive ; saler.*

9. *Remettre le jus de cuisson à chauffer à feu vif. Rectifier l'assaisonnement au goût.*

10. *Déposer, au centre des assiettes chaudes, des morceaux de cuisses, trancher les râbles et les déposer sur les cuisses. Disposer le mélange d'aubergine sur le côté de la viande, verser le jus de cuisson, saupoudrer les râbles de sel de mer et décorer de tiges de thym et de romarin.*

*Lapin cuisiné deux manières*

# Trio de veau

## – le filet juste poêlé, la joue et le ris braisés doucement – sauce xérès, jeunes légumes racines de nos maraîchers des Basses-Laurentides

*Ici, c'est le veau que j'ai décliné de trois manières. Ainsi, dans un même plat, on découvre des textures différentes alors que les jus de cuisson lient le tout avec subtilité. Dans cette recette, on se sert de trois techniques de cuisson différentes, chacune mettant en valeur la partie utilisée.*

PLAT POUR 4 PERSONNES

## INGRÉDIENTS

| | | |
|---|---|---|
| 8 | jeunes carottes, petites | 8 |
| 4 | racines de persil | 4 |
| 8 | jeunes raves | 8 |
| 12 | petits oignons (cippolini si possible) | 12 |
| 350 g | noix de ris de veau | 12 oz |
| 2 | joues de veau | 2 |
| | beurre | |
| | tiges de persil frais | |
| | tiges de thym frais | |
| 30 ml | vinaigre de xérès | 2 c. à soupe |
| 100 ml | xérès | 1/2 tasse |
| 100 ml | jus de veau (voir recette en page 18) | 1/2 tasse |
| 1 | filet de veau entier de 300 g (10 oz) | 1 |
| | ou | |
| 4 | médaillons de filet de veau de 75 g (3 oz) chacun | 4 |
| | sel, au goût | |
| | persil haché | |

# Mise en place

*Ces premières préparations peuvent se faire une journée à l'avance et se garder au froid.*

1. LÉGUMES. *Blanchir, rafraîchir et réserver pour la finition la moitié de chacun des légumes racines. Couper grossièrement les légumes restants pour braiser les ris et les joues.*

2. RIS BRAISÉS. *Voir la recette de base en page 20 et en préparer la moitié. Réserver le jus de cuisson.*

3. JOUES DE VEAU BRAISÉES. *Parer les joues. Dans une petite casserole, les colorer dans un peu de beurre. Ajouter les légumes racines coupés, des tiges de persil et de thym, déglacer avec le vinaigre et le vin de xérès ; ajouter le jus de veau et laisser mijoter sur le feu pendant plusieurs heures (la chair doit avoir une texture très moelleuse).*

4. *Enlever les joues de l'os, couler les jus de cuisson dans une passoire (chinois). Réserver.*

# Assemblage

5. *Poêler les filets ou les médaillons de veau dans un peu de beurre pendant quelques minutes de chaque côté ; saler. Réserver au chaud.*

6. *Dans une autre casserole, mettre à chauffer ensemble les jus de cuisson des ris et des joues de veau. Réduire de moitié.*

7. *Ajouter les ris et les joues dans ce jus de cuisson ; vérifier l'assaisonnement, saler et ajouter une noix de beurre.*

8. *Dans un autre poêlon, faire revenir les légumes racines blanchis dans un peu de beurre ; saler et ajouter du persil haché et des tiges de thym.*

9. *Dans des assiettes chaudes, disposer joliment les trois parties de veau et les légumes racines, décorer avec des tiges de thym frais.*

## Trio de veau

# Cachette tiède aux bleuets sauvages
## à la manière de Renée, accompagnée d'un granité aux bleuets et à l'érable

*Cette recette est le résultat et une adaptation de plusieurs autres. Elle s'inspire de l'abondance de petits fruits en saison estivale. Ma belle-mère, Renée Audette, m'a donné la base de la première recette, que j'ai plusieurs fois modifiée par la suite.*

POUR 8 PERSONNES

## INGRÉDIENTS

### SIROP

| | | |
|---|---|---|
| 200 ml | sirop d'érable | 7 oz |
| 5 ml | jus de citron | 1 c. à thé |
| 5 ml | gingembre frais, haché | 1 c. à thé |

### FRUITS

| | | |
|---|---|---|
| 450 g | bleuets sauvages | 2 tasses |

### PÂTE

| | | |
|---|---|---|
| 250 g | farine | 9 oz |
| 150 g | sucre | 5 oz |
| 10 ml | poudre à pâte | 2 c. à thé |
| 100 g | beurre doux | 3 oz |
| 120 ml | crème 35 % | 1/2 tasse |

### GRANITÉ AUX BLEUETS ET À L'ÉRABLE

| | | |
|---|---|---|
| 125 ml | purée de bleuets sauvages | 1/2 tasse |
| 125 ml | sirop d'érable | 1/2 tasse |
| 15 ml | jus de citron | 1 c. à soupe |
| 200 ml | boisson à l'érable Val Ambré | 7 oz |

*Fleur d'hémérocalle ou feuille de menthe pour décorer (facultatif)*

1. *Mettre de jolis verres au congélateur.*

2. *Bien mêler tous les ingrédients au mélangeur ; couler dans une passoire (chinois).*

3. *Verser dans un bac peu profond et déposer au congélateur. Laisser bien prendre (comme de la glace).*

4. *Au moment de servir, gratter, avec une fourchette ou une cuillère, et récolter le granité ainsi formé.*

5. *Le déposer dans les verres givrés, garnir d'un pétale d'hémérocalle ou de menthe du jardin.*

   *Très rafraîchissant !*

*On peut aussi servir ce granité en pause glacée durant le repas, comme dessert ultra-léger ou en collation légère.*

# Mise en place

### CACHETTE

1. *Dans une petite casserole, mettre les ingrédients du sirop et faire bouillir pendant 3 minutes.*

2. *Remplir à moitié de petits ramequins avec les fruits et verser le sirop sur ces derniers.*

3. *PÂTE. Préchauffer le four à 190 °C (375 °F). Mélanger rapidement tous les ingrédients de la pâte dans le bol du robot culinaire, pendant une minute.*

4. *Déposer la pâte sur les fruits dans les ramequins et cuire au four pendant 20 minutes environ.*

5. *Servir tiède.*

# Assemblage

*Dans de belles assiettes, déposer chacun des deux petits desserts et savourer !*

*Cachette tiède aux bleuets sauvages*

# Soupe de melon cantaloup

## au miel et à l'hydromel Cuvée du Diable de Ferme-Neuve, gelée fine de fraise et parfum de gingembre

*À la fin de l'été, les cantaloups sont juteux et sucrés ; Terry, d'Insalada, en produit une variété particulièrement savoureuse. Quant aux fraises, les producteurs des Basses-Laurentides en cultivent maintenant des cultivars remontants qui produisent jusqu'en automne. Une soupe de fruits facile à faire et super rafraîchissante, à laquelle l'hydromel se marie si bien ! Vous irez au ciel si vous le servez avec un verre d'hydromel bien frais ! Lorsque c'est l'époque de la floraison des hémérocalles, j'adore les servir en accompagnement.*

POUR 4 PERSONNES

## INGRÉDIENTS

### GELÉE

| | | |
|---|---|---|
| 250 ml | fraises fraîches locales | 1 tasse |
| 45 ml | miel naturel de fleurs sauvages de Ferme-Neuve | 3 c. à soupe |
| 3 ml | gingembre frais, haché | 1/2 c. à thé |
| 1 feuille | gélatine | 1 feuille |

### SOUPE

| | | |
|---|---|---|
| 1 | cantaloup, bien mûr | 1 |
| 250 ml | hydromel des Laurentides (vin de miel) | 1 tasse |
| 5 ml | gingembre frais, râpé | 1 c. à thé |
| 30 ml | miel naturel de fleurs sauvages (non pasteurisé) | 2 c. à soupe |
| 15 ml | jus de citron | 1 c. à soupe |

### DÉCORATION

| | | |
|---|---|---|
| 4 | belles petites fraises | 4 |
| 1 | fleur d'hémérocalle orange du jardin (facultatif) | 1 |
| | feuille de mélisse | |

# Mise en place

1. GELÉE. *Deux heures avant de servir, préparer la gelée de fraises : choisir des fraises de chez nous, sucrées, très belles et goûteuses. Laver, équeuter et couper les fraises en deux ou en quatre ; mélanger avec le miel et le gingembre.*

2. *Laisser reposer pendant environ 1 heure au frais. Mettre le tout dans la jarre du mélangeur et broyer très finement pour en faire un coulis.*

3. *Faire gonfler la gélatine dans de l'eau froide. Verser le coulis de fraises dans une casserole et donner un bouillon ; retirer du feu et ajouter la gélatine égouttée. Verser dans un contenant qui donnera une gelée de 2 cm (3/4 po) d'épaisseur. Laisser figer au frais.*

4. SOUPE DE MELON : *Peler le melon, le couper en deux, l'épépiner et le couper en morceaux ; déposer dans la jarre du mélangeur. Ajouter l'hydromel, le gingembre, le miel et le jus de citron et broyer très finement. Réserver au frais.*

# Assemblage

5. *À l'aide d'un couteau ou d'un emporte-pièce, découper de petits dés, ou d'autres formes au choix, de gelée de fraise. Déposer ces morceaux de gelée dans le fond d'un bol creux froid et les couvrir de la soupe de melon.*

6. *Décorer avec de belles fraises et, si le jardin est fleuri, pourquoi pas avec des pétales de fleurs – les hémérocalles sont délicieuses et de belle texture.*

## Soupe de melon cantaloup au miel

## J'aime l'automne,

cette saison qui suit le brouhaha de la période estivale est la période la plus occupée de l'année. Les récoltes sont abondantes, les maraîchers et les producteurs ont engrangé et offrent, sous de multiples formes, couleurs et saveurs, la générosité de la terre nordique.

Dans les Laurentides, à l'automne, les paysages se déclinent en couleurs : jaune, ocre, orangé, rouge, vert ; des teintes inconnues se révèlent soudain à notre regard. En général, les mois de septembre et d'octobre bénéficient d'une température douce et fraîche. Aller prendre une marche en forêt pour y cueillir des bolets ou des chanterelles avec des amis, quel plaisir ! Ou bien faire une balade et se rendre chez un producteur pour aller voir, sentir et toucher ses beaux produits.

automne

À cette époque de l'année, la Table de concertation agroalimentaire des Laurentides invite les chefs de la région à venir découvrir des producteurs locaux, favorisant le tissage de liens avec ces artisans qui proposent des produits méconnus, susceptibles de donner de nouvelles saveurs à nos menus. J'aime bien inviter les cuisiniers de mon équipe (et lorsqu'il reste de la place, les serveurs aussi) à venir se balader, pour apprécier et savourer la beauté de notre région et mieux en connaître les petits trésors.

J'aime prendre la route qui passe par Mirabel pour me rendre chez les producteurs des Basses-Laurentides ; c'est si beau. À Saint-Joseph-du-Lac, c'est la route des vergers : de grands vergers bien entretenus, bien taillés, ployant sous les fruits qui déjà ont pris leurs couleurs. J'aime me rendre chez Jules Lavigne pour y cueillir des pommes ou encore y choisir des poires, des prunes ou de rares mirabelles ! Sur le même rang, Sylvie D'amours a transformé ses champs en paradis de la courge : potiron, giraumon, Hubbard, poivrée, musquée, que de jolis noms « à se mettre sous la dent », on veut les cuisiner toutes ! Terry, à Prévost, retrouve le sourire ; il a enfin la récompense de son travail minutieux. Tous ces petits légumes qu'il a bichonnés (oui ! oui !) sont enfin à pleine maturité : carotte rouge, jaune ou orange, rave rose, betterave jaune, racine de cerfeuil, topinambour, crosne, pomme de terre ratte miniature…

C'est ainsi que les recettes prennent forme. Même si certains produits sont toujours de saison et que mes clients veulent toujours les retrouver sur la carte, la façon de les apprêter évolue dans l'année au gré des saisons. Des légumes bien cuisinés – cuisinés comme si on les jugeait importants – et pouvant faire l'objet d'une recette complètement élaborée en fonction de leurs caractéristiques propres, c'est une jolie découverte à faire partager. Et bien sûr l'automne, avec tous ses légumes qui arrivent à maturité en abondance, est une des époques de l'année où je suis le plus inspirée pour les cuisiner.

L'automne, c'est aussi les champignons sauvages. Nos bois sont extraordinairement prolifiques en champignons, des variétés incroyables surgissent au gré de la température et de la pluie. Évidemment, seulement quelques espèces nous intéressent : savoureux bolet, délicate chanterelle, goûteuse dermatose des russules, vesse de loup… Évoquer ces noms de champignons me donne envie de poursuivre avec une recette…

Dans nos bois et nos prés, on peut faire des cueillettes formidables. Lorsque Gérard LeGall, un ramasseur amateur éclairé et savant de comestibles sauvages, me fit découvrir pour la première fois ses boutons de marguerite sauvage marinés, je trouvai leur goût très fin, plus fin que les plus délicates câpres italiennes qu'il m'ait été donné de goûter ; tout de suite j'ai eu le désir de les cuisiner. J'ai eu l'idée de marier la saveur acidulée des boutons de marguerite marinés avec le fruité de la pomme et le moelleux d'une escalope de foie gras frais de canard poêlée. Ah ! délicieux, long en bouche : l'acidité des boutons relançait juste ce qu'il fallait la saveur douce des pommes, et le fondant du foie gras se trouvait exalté à sa juste mesure. Maintenant, cette recette se retrouve tous les automnes sur mon menu ! Voilà un exemple de ma façon de travailler une recette, en fonction de la saison. Le foie gras est toujours de saison ; depuis quelques années, des producteurs d'ici parviennent à élever des canards gras de très haute qualité qui rivalisent honorablement avec leurs cousins français. Les Québécois ayant un palais fin et délicat et aimant déjà les viandes et les abats, ont donc apprivoisé ce nouveau goût avec enthousiasme. C'est pourquoi on trouve du foie gras en tout temps sur mon menu.

Poire du verger Jud'Pom

Fromagerie du marché

Délicieuses pyramindes de chèvre

Les beaux raisin de Sylvie

Abondance de courges

L'entrée du restaurant

La fierté de Sylvie

Les serres de Mirabel

Le merveilleux hydromel de Ferme-Neuve

# Salade d'automne croquante et croustillante

## julienne de courge Hubbard crue, de pomme Empire et de concombre, vinaigrette à l'huile de canola biologique et au vinaigre de cidre naturel de Saint-Joseph-du-Lac

*Voilà bien une recette saisonnière : comme pour toutes les salades, le secret – et le plaisir de la manger – réside dans la qualité des ingrédients. Dans les Laurentides, jusque tard à l'automne et même en hiver, les serres nous offrent de petites verdures impeccables et les abondantes récoltes dans les vergers permettent de composer de savoureuses salades.*

ENTRÉE POUR 4 PERSONNES

## INGRÉDIENTS

| | | |
|---|---|---|
| 100 ml | huile de canola biologique | 1/2 tasse |
| 30 ml | vinaigre de cidre naturel du verger Lamarche | 2 c. à soupe |
| | sel et sauce tabasco, au goût | |
| | huile végétale pour friture en quantité suffisante | |
| 200 g | courge Hubbard crue, pelée et taillée en julienne fine | 7 oz |
| 100 g | pomme Empire crue, non pelée et taillée en julienne fine | 3 oz |
| 100 g | concombre taillé en julienne moyenne | 3 oz |
| 2 | grosses feuilles de basilic frais, hachées | 2 |
| 2 | oignons verts, émincés finement | 2 |
| | feuilles de petites verdures de votre préférence en quantité suffisante | |
| 4 | tuiles de cheddar de chèvre (voir recette de base page 19) | 4 |

# Mise en place

1. Préparer une vinaigrette en mélangeant l'huile de canola, le vinaigre de cidre, le sel et la sauce tabasco. Réserver.

2. Frire à l'huile végétale la moitié de la julienne de courge ; saler. Réserver.

3. Mélanger le reste de la julienne de courge, la julienne de pomme et de concombre, ainsi que le basilic et la moitié de l'oignon vert.

4. Ajouter une quantité suffisante de vinaigrette, bien mélanger.

# Assemblage

5. Sur des assiettes froides, placer joliment les petites verdures ; déposer au centre le méli-mélo de courge, de pomme et de concombre. Garnir en déposant, sur le dessus, de la courge frite, l'autre moitié des oignons verts et les morceaux de tuiles de cheddar de chèvre.

## Salade d'automne croquante

# Tartare de saumon
## de l'Atlantique aux deux moutardes et au gingembre sauvage, salicorne et petites verdures

*C'est le temps de l'année ou chaque semaine je reçois, de celui que j'appelle mon vagabond des bois, François Brouillard, des arrivages d'un peu partout au Québec. Il se promène dans les boisés et les champs, au bord des lacs et des rivières, le long du Saint-Laurent, cueillant et ramassant herbes, légumes et champignons. De retour de ses escapades, il nous fait redécouvrir des végétaux comestibles oubliés ou méconnus. La salicorne cueillie sur les estrans du fleuve est délicieuse : c'est un complément naturel des poissons et des fruits de mer. Le gingembre sauvage est une petite racine de nos bois, plus mince que son cousin oriental, mais au goût subtil ; on le nomme aussi* carcajou.

ENTRÉE POUR 4 PERSONNES

## INGRÉDIENTS

| | | |
|---|---|---|
| | sel et sauce tabasco, au goût | |
| 45 ml | jus de citron | 3 c. à soupe |
| 10 ml | gingembre sauvage du Québec fraîchement râpé (ou gingembre classique.) | 2 c. à thé |
| 90 ml | huile d'olive extra vierge | 6 c. à soupe |
| 2 | oignons verts, émincés finement | 2 |
| 240 g | filet de saumon de l'Atlantique **extra frais**, coupé en très petits dés | 8 oz |
| 10 ml | œufs de truite (caviar) | 2 c. à thé |
| 200 g | salicorne (genre de haricot fin de mer) des estrans du fleuve Saint-Laurent, blanchie | 7 oz |
| 5 ml | moutarde de Dijon | 1 c. à thé |
| 10 ml | moutarde en grains | 2 c. à thé |

# Mise en place

1. VINAIGRETTE. *Bien mélanger le sel, la sauce tabasco, le jus de citron, le gingembre sauvage et l'huile d'olive.*

# Assemblage

2. TARTARE. *Bien incorporer les trois quarts de la vinaigrette et les oignons verts au saumon coupé en petits dés. Mouler le tartare sur 4 assiettes bien froides. Ajouter le caviar de truite.*

3. *Mélanger un peu de vinaigrette à la salicorne. Disposer joliment autour du saumon et ajouter quelques gouttes de la vinaigrette restante.*

# Tartare de saumon de l'Atlantique

# Potage au topinambour
## escalope miniature de foie gras frais de canard poêlée minute, brioche parfumée à la truffe

 *Pour un dîner de fête, un potage aux saveurs raffinées.*

*Servir dans une belle grande soupière (ou, comme dans mon restaurant, avec une théière) ; verser ce potage au goût très fin directement dans chaque bol, sur l'escalope et la brioche.*

*Pour vous simplifier la vie, achetez la brioche chez votre pâtissier favori et parfumez-là d'une bonne huile de truffe achetée dans une épicerie fine. Ce n'est pas tout à fait pareil, mais ce sera quand même très bon.*

ENTRÉE POUR 4 PERSONNES

## INGRÉDIENTS

| | | |
|---|---|---|
| 200 g | topinambour | 7 oz |
| 1 | gros oignon | 1 |
| 5 ml | beurre | 1 c. à thé |
| 100 ml | vin blanc | 1/2 tasse |
| 500 ml | bouillon de volaille | 2 tasses |
| 20 | petits dés de brioche | 20 |
| 50 ml | huile d'olive vierge | 3 c. à soupe |
| 50 ml | huile de truffe | 3 c. à soupe |
| 4 | escalopes de foie gras frais de canard de 50 g (2 oz) chacune | 4 |
| | sel, au goût | |
| 30 g | lamelles de truffe fraîche (facultatif) ciboulette, hachée finement | 1 oz |
| | ou | |
| 1 | oignon vert, émincé finement | 1 |

# Mise en place

*Peut être faite plusieurs heures à l'avance.*

1. POTAGE. *Peler les topinambours et l'oignon et les couper en morceaux. Dans une casserole, fondre le beurre à feu moyen, blondir les oignons, ajouter les topinambours (sauf 1 gros morceau, pour la finition), ajouter le vin blanc, le bouillon de volaille et laisser mijoter pendant 30 minutes. Réduire en purée au mélangeur; goûter et assaisonner au goût. Réserver.*

2. CROÛTONS. *Préchauffer le four à 205 °C (400 °F). Mettre les petits dés de brioche dans un bol; verser dessus l'huile d'olive et la moitié de l'huile de truffe et bien mélanger. Étaler sur une plaque allant au four et enfourner. Après 8 minutes, retirer du four. Réserver.*

# Assemblage

3. *Émincer très finement le topinambour réservé.*

4. *Dans un poêlon antiadhésif ou à fond épais bien chaud, saisir les escalopes de foie gras frais à feu moyen; saler et égoutter sur du papier absorbant.*

5. *Déposer 5 croûtons et une escalope de foie gras dans chaque assiette creuse à potage chaude; ajouter un peu de topinambour émincé, quelques gouttes d'huile de truffe, des lamelles de truffe fraîche (si on en a) et de la ciboulette.*

6. *Servir et verser le potage.*

## Potage au topinambour

# Ris de veau braisé doucement

## crosnes et carottes multicolores d'Insalada de Prévost, parfum d'anis étoilé

*Ah ! Les délicieux petits légumes de Terry, minutieusement cultivés…, quel plaisir de les cuisiner !*

*Un mélange aigre-doux, légèrement épicé et relevé d'anis étoilé, surprenant mais subtil ; parfois j'y ajoute du fenouil étuvé doucement, une autre saveur anisée qui répond à celle de la recette.*

ENTRÉE POUR 4 PERSONNES

## INGRÉDIENTS

| | | |
|---|---|---|
| 400 g | noix de ris de veau | 14 oz |
| 50 ml | Pernod | 3 c. à soupe |
| 7 | étoiles d'anis étoilé (badiane) | 7 |
| 4 | petites carottes rouges | 4 |
| 4 | petites carottes jaunes | 4 |
| 4 | petites carottes orange | 4 |
| 50 g | beurre | 3 c. à soupe |
| | jus de citron | |
| 20 | crosnes | 20 |
| | ou | |
| 1/2 | bulbe de fenouil, émincé finement | 1/2 |
| | ciboulette émincée | |
| | sel, au goût | |

# Mise en place

1. Cuire les ris de veau (voir recette en page 20 à laquelle on ajoutera le Pernod et 3 étoiles d'anis étoilé).

2. Parer les petites carottes et les blanchir ; réserver.

# Assemblage

3. Dans un petit poêlon, faire revenir à feu doux les noix de ris de veau avec une noix de beurre ; ajouter le jus de cuisson réservé des ris de veau et 2 étoiles d'anis étoilé ; goûter et rectifier l'assaisonnement avec quelques gouttes de jus de citron ; finir la préparation avec une noix de beurre.

4. Faire revenir à feu doux les crosnes (ou le fenouil) et les carottes dans un peu de beurre ; ajouter la ciboulette et du sel.

5. Servir dans des assiettes chaudes et décorer d'anis étoilé.

## Ris de veau braisé doucement

**L'EAU À LA BOUCHE**
LES 4 SAISONS
SELON ANNE DESJARDINS

# Escalope de foie gras frais

## de canard poêlée, brunoise de pommes, de raisins et de boutons de marguerite, jus de canard aigre-doux au moût de pomme

*Les clients adorent déguster le foie gras chaud. Pourquoi pas? la douceur du lobe de foie le rend éminemment polyvalent. Et de plus, c'est plus facile à faire qu'il n'y paraît.*

ENTRÉE POUR 4 PERSONNES

## INGRÉDIENTS

| | | |
|---|---|---|
| 2 | échalotes émincées | 2 |
| 2 | pommes, pelées et coupées en petits dés (réserver les parures de pommes) | 2 |
| 75 ml | vinaigre de cidre | 5 c. à soupe |
| 200 ml | moût de pomme | 3/4 tasse |
| 400 ml | fond de canard (voir recette en page 18) (ou de volaille, bien réduit) | 1 1/2 tasse |
| 4 | grains de poivre long | 4 |
| 45 ml | beurre | 3 c. à soupe |
| 20 | raisins rouges | 20 |
| 100 ml | boutons de marguerite (ou câpres) | 1/2 tasse |
| | romarin frais | |
| | sel, au goût | |
| 4 | escalopes de 100 g (3 1/2 oz) chacune de foie gras frais cru de canard | 4 |
| 1 | pomme, émincée très finement | 1 |

# Mise en place

1.  SAUCE. *Mettre un peu de beurre dans une petite casserole et colorer l'échalote émincée avec les parures de pomme, à feu moyen ; déglacer avec le vinaigre de cidre, mouiller avec le moût de pomme, laisser réduire presque à sec ; ajouter le fond de canard (ou de volaille) et laisser réduire encore. Lorsqu'il ne reste plus que 300 ml (1 1/4 tasse) de liquide, couler la sauce dans une passoire (chinois). Goûter et assaisonner au goût, ajouter les grains de poivre long. Réserver.*

2.  BRUNOISE. *Mettre un peu de beurre dans un poêlon, faire revenir les dés de pomme préparés, les raisins et les boutons de marguerite à feu moyen ; ajouter quelques brins de romarin hachés ; ne pas trop cuire, goûter et saler au goût. Réserver au chaud.*

# Assemblage

3.  *Dans un poêlon antiadhésif, saisir les escalopes de foie gras de chaque côté, à feu assez vif, pendant quelques minutes. Saler au goût, retirer du feu et égoutter. Réserver au chaud.*

4.  *Sur des assiettes bien chaudes, dresser la brunoise de fruits, déposer dessus les escalopes et napper de la sauce, en dégageant bien.*

5.  *Décorer de chips de pommes séchées (facultatif) et de romarin.*

*Escalope de foie gras
frais de canard*

# Courges d'automne

## Poêlée d'orge à la courge musquée, aux tomates séchées et au cheddar vieilli Britania

## Courge spaghetti aux champignons, aux noix de pin grillées et au Wabassee de Mont-Laurier

## Crème de potiron au fromage frais de chèvre de Chatham

Sylvie D'Amours, à Saint-Joseph-du-Lac, cultive des variétés de courges et de potirons avec beaucoup de savoir-faire et de passion.

Les cucurbitacées, une appellation générique au nom comique, regroupent plusieurs plantes, dont les concombres et les melons, que nous adorons manger.

Courges et potirons sont originaires d'Amérique – les autochtones s'en nourrissaient abondamment – et pourtant, peu d'entre nous les cuisinaient (sauf peut-être à l'Halloween, la citrouille). Nous avions tort, car ils sont délicieux et se prêtent à de nombreuses déclinaisons.

# Poêlée d'orge à la courge
## musquée, aux tomates séchées et au cheddar vieilli

## ❦ INGRÉDIENTS

| | | |
|---|---|---|
| 5 | feuilles de basilic frais | 5 |
| 125 ml | tomates séchées | 1/2 tasse |
| 250 ml | orge mondé | 1 tasse |
| 500 ml | eau | 2 tasses |
| 100 g | champignons (sauvages ou cultivés), coupés | 3 oz |
| 100 g | courge musquée, coupée en petits dés | 3 oz |
| 30 ml | huile d'olive | 2 c. à soupe |
| 2 | oignons verts, émincés | 2 |
| 5 ml | gingembre frais, râpé | 1 c. à thé |
| | sel, au goût | |
| 100 g | fromage cheddar vieilli | 3 oz |

## MISE EN PLACE

1. Hacher le basilic et en réserver 4 belles feuilles pour la décoration. Faire tremper les tomates séchées pendant 15 minutes pour les réhydrater, puis les émincer. Cuire l'orge dans l'eau, à feu moyen, pendant 20 minutes environ. Réserver.

2. Dans un poêlon, faire revenir les champignons et la courge avec un peu d'huile d'olive, à feu moyen ; ajouter l'oignon vert, le basilic et le gingembre. Réserver.

3. Dans un autre poêlon, faire revenir l'orge cuit avec de l'huile d'olive, à feu moyen, en ajoutant les tomates séchées et le mélange de champignons et de courge. Saler, ajouter la moitié du fromage et remplir 4 petits ramequins huilés. Garnir avec le reste du fromage. Réserver.

## ASSEMBLAGE

4. Préchauffer le four à 205 °C (400 °F). Enfourner les petits ramequins et faire chauffer pendant 12 minutes environ, selon la grosseur des ramequins. Garnir de feuilles de basilic.

# Courge spaghetti
## aux champignons, aux noix de pin grillées et au Wabassee de Mont-Laurier

## INGRÉDIENTS

| | | |
|---|---|---|
| 1 | petite courge spaghetti | 1 |
| 120 g | champignons sauvages (bolets ou chanterelles) ou cultivés (shitakee ou pleurotes) | 4 oz |
| 30 g | noix de pin, grillées | 1 oz |
| 2 | oignons verts, émincés | 2 |
| | tiges de persil frais, hachées | |
| 120 g | fromage Wabassee râpé | 4 oz |
| | sel et sauce tabasco, au goût | |
| 30 ml | huile d'olive vierge | 2 c. à soupe |
| 30 ml | crème 35 % (Trois Vallées) | 2 c. à soupe |

## MISE EN PLACE

1. Cuire la courge spaghetti au four à 190 °C (375 °F) pendant 30 minutes (ou, coupée en deux, épépinée, chaque moitié recouverte d'une pellicule de plastique, au four à micro-ondes pendant 6 minutes). Avec une fourchette, tracer des traits dans la courge pour voir apparaître de courts spaghetti végétaux (d'où le nom de cette courge). Réserver.

2. Faire revenir les champignons dans l'huile d'olive à feu moyen, y ajouter la courge spaghetti, les noix de pin, l'oignon vert, le persil, la moitié du fromage, la crème et assaisonner de sel et de sauce tabasco. Remplir de petits plats à gratin huilés du mélange, ajouter le fromage et réserver.

## ASSEMBLAGE

3. Préchauffer le four à 205 °C (400 °F). Enfourner les ramequins et faire chauffer pendant 15 minutes environ, selon la grosseur des ramequins.

# Crème de potiron
## au fromage frais de chèvre de Chatham

## INGRÉDIENTS

| | | |
|---|---|---|
| 4 | petits potirons miniatures | 4 |
| | ou | |
| 1 | potiron moyen | 1 |
| 15 ml | beurre | 1 c. à soupe |
| 1 | gros oignon | 1 |
| 100 ml | vin blanc | 1/2 tasse |
| 500 ml | bouillon de volaille | 2 tasses |
| | sel, au goût | |
| 40 g | fromage de chèvre frais de Chatham (façonner 4 petites boules de 10 g [1/4 oz] chacune) | 2 oz |
| 15 ml | huile de citrouille | 1 c. à soupe |
| | ciboulette hachée finement | |

## MISE EN PLACE

*Peut être faite plusieurs heures à l'avance.*

1. Cuire les potirons au four à 190 °C (375 °F), pendant 25 minutes environ, selon la grosseur. Couper le haut des potirons au tiers et les vider en prenant soin de ne pas briser l'écorce extérieure ; retirer les pépins et réserver la chair.

2. Dans une casserole, fondre le beurre à feu moyen, blondir l'oignon, ajouter les morceaux de potiron, le vin blanc et le bouillon de volaille ; laisser mijoter pendant 20 minutes. Réduire en purée au mélangeur ; goûter et assaisonner au goût. Réserver.

3. Préparer 4 petites boules avec le fromage de chèvre frais.

## ASSEMBLAGE

4. Verser le potage dans les potirons miniatures ou des bols à soupe. Ajouter les boules de fromage de chèvre, quelques gouttes d'huile de citrouille et la ciboulette émincée.

# Napoléon d'escalopes de saumon
## de l'Atlantique poêlées minute, épinards et courge musquée

 *J'aime cette recette rapide à exécuter, légère à déguster et adaptée à la saison.*

PLAT POUR 4 PERSONNES

### INGRÉDIENTS

|  |  |  |
|---|---|---|
|  | sauce tiède à l'huile d'olive vierge légèrement crémée (voir recette en page 21) |  |
| 2 | oignons verts, émincés finement | 2 |
| 1 | citron, jus et zeste | 1 |
| 45 ml | huile d'olive vierge | 3 c. à soupe |
| 600 g | pousses d'épinards frais, lavés | 1 lb |
| 300 g | courge musquée crue, parée et coupée en julienne | 10 oz |
| 12 | petites tranches fines de saumon de l'Atlantique frais (prélevées sur un morceau de 600 g (1 lb), sans la peau | 12 |
|  | sel, au goût |  |

# Mise en place

1. SAUCE. *Préparer la sauce tiède comme dans la recette de base, y ajouter la moitié de l'oignon vert et du zeste, ainsi que le jus de citron. Réserver.*

# Assemblage

2. *Mettre sur le feu trois poêlons antiadhésifs ou à fond épais. Verser dans chacun un peu d'huile d'olive. Faire tomber les épinards à feu moyen dans l'un d'eux ; faire revenir la julienne de courge dans un autre et, dans le plus grand, faire sauter vivement et rapidement les escalopes de saumon. Saler et parsemer d'oignon vert et de zeste.*

3. *Faire chauffer la sauce à l'huile d'olive.*

4. *Dans des assiettes chaudes, superposer une escalope de saumon et de la julienne de courge, une deuxième escalope de saumon et les épinards, puis une autre escalope de saumon. Napper de la sauce à l'huile d'olive.*

**L'EAU À LA BOUCHE**
LES 4 SAISONS
SELON ANNE DESJARDINS

# Napoléon d'escalopes de saumon

# Aile de raie et pétoncles Princesse

## chanterelles, courge poivrée grillée et oignons, fumet de coquillages acidulé au citron vert

*Cuisiner les poissons c'est se simplifier la vie ; c'est si rapide et si bon. Par contre, il faut être sûr de son poissonnier !*

*Surtout, il faut éviter les excès de cuisson : à peine opaques, les poissons sont prêts !*

PLAT POUR 4 PERSONNES

## Ingrédients

| | | |
|---|---|---|
| 1/2 | courge poivrée, pelée et coupée en tranches épaisses | 1/2 |
| | sel, au goût | |
| 30 ml | huile d'olive vierge | 2 c. à soupe |
| 2 | gros oignons, émincés finement | 2 |
| 4 | filets d'aile de raie fraîche de 160 g (5 2/3 oz) chacun, parés (au restaurant, je préfère les cuire sur arêtes) | 4 |
| 200 g | chanterelles fraîches | 7 oz |
| 8 | pétoncles Princesse | |
| 200 ml | fumet de coquillage (voir recette en page 19) | 3/4 tasse |
| | beurre | |
| | jus de 1 citron vert | |

# Mise en place

1. Cuire les tranches de courge au four à 190 °C (375 °F) pendant 20 minutes environ. Saler et réserver.

2. Dans un poêlon, faire blondir les oignons dans un peu d'huile d'olive ; cuire sur feu doux jusqu'à ce qu'ils soient tendres. Réserver au chaud.

# Assemblage

3. Dans un poêlon à fond épais ou antiadhésif, poêler dans un peu d'huile d'olive les filets d'aile de raie de chaque côté pendant quelques minutes seulement, à feu moyen. Retirer du poêlon et réserver au chaud.

4. Poêler les chanterelles et les pétoncles dans ce même poêlon. Retirer et réserver au chaud.

5. Déglacer ce poêlon avec le fumet, laisser réduire, ajouter une noix de beurre ; goûter et rectifier avec le jus de citron.

6. Dans des assiettes chaudes, déposer sur la courge rôtie, l'aile de raie entourée des pétoncles princesse et des chanterelles. Verser dessus la sauce.

## Aile de raie, chanterelles et pétoncles

**L'EAU À LA BOUCHE**
LES 4 SAISONS
SELON ANNE DESJARDINS

# Agneau du Bas-du-Fleuve

## cuisiné deux manières – la longe rôtie en croûte d'amande et de sauge, – l'épaule braisée doucement en napoléon de pommes de terre

❧ *Cette recette met bien en valeur les différentes parties de l'agneau et l'abondance des récoltes d'automne. Il faut la cuisiner en plusieurs étapes et… voilà un dîner de fête.*

PLAT POUR 8 PERSONNES

## INGRÉDIENTS

*Pour cette recette, utiliser de l'agneau frais du Bas-du-Fleuve ou d'une autre région du Québec, comme le Témiscamingue ou Charlevoix.*

| | | |
|---|---|---|
| 1 | petite épaule d'agneau sur os | 1 |
| 5 | échalotes entières | 5 |
| 3 | gousses d'ail | 3 |
| 500 ml | vin rouge | 2 tasses |
| 20 | feuilles de sauge fraîche (réservez-en 8 pour la décoration) | 20 |
| | sel, au goût | |
| 1 | grosse carotte, coupe paysanne (en petits biseaux) | 1 |
| 1 | gros panais, coupe paysanne | 1 |
| 1 | petite rave, coupe paysanne | 1 |
| 1 | racine de persil, coupe paysanne | 1 |
| 2 | pommes de terre Yukon Gold (3 tranches par personne) | 2 |
| 150 g | beurre doux clarifié | 5 oz |
| 500 g | longe d'agneau parée, 60 g (2 oz) environ par personne | 1 lb |
| | huile d'olive en quantité suffisante | |
| 45 ml | moutarde de Dijon | 3 c. à soupe |
| 200 g | amandes en poudre, grillées au four à 175 °C (350 °F) pendant 6 minutes | 7 oz |
| 400 g | champignons shitakee frais | 14 oz |

# Mise en place

*Cette recette se prépare par étapes, l'épaule que l'on braisera, la longe que l'on cuira au moment du service et les légumes qui auront leur propre traitement.*

1. BRAISAGE DE L'ÉPAULE D'AGNEAU. *Préchauffer le four à 120 °C (250 °F). Déposer l'épaule d'agneau dans une marmite en fonte émaillée (si possible) avec les échalotes, l'ail et le vin rouge ; ajouter des feuilles de sauge et bien saler. Couvrir et braiser au four pendant 4 1/2 heures.*

2. *Entre-temps, blanchir les légumes racines. Réserver.*

3. *Lorsque l'épaule est cuite, la retirer de la marmite, la désosser et réserver la chair au chaud. Couler les jus de cuisson dégraissé dans une passoire et les récupérer dans une petite casserole ; faire réduire ce liquide de moitié et vérifier l'assaisonnement ; la sauce est prête. Réserver.*

4. NAPOLÉON DE POMMES DE TERRE. *Couper les pommes de terre en tranches fines et les cuire 4 minutes à feu moyen dans le beurre clarifié. Égoutter. Préparer les napoléons comme suit : 1 tranche de pomme de terre cuite, 15 ml (1 c. à soupe) d'épaule désossée et réservée ; répéter l'opération deux fois encore en superposant les couches. Préparer ainsi 8 napoléons et réserver au chaud. Recouvrir ce montage de papier aluminium pour le stabiliser.*

# Assemblage

5. *Dans un poêlon, saisir la longe d'agneau avec un peu d'huile d'olive, à feu vif. Saler, retirer du poêlon et badigeonner de moutarde de Dijon. Ajouter des feuilles de sauge hachées, envelopper de poudre d'amande rôtie, finir la cuisson dans le four à 205 °C (400 °F) pendant 5 minutes, retirer du four et laisser reposer.*

6. *Entre-temps, faire revenir les shitakee à feu vif dans un peu d'huile d'olive, ajouter les légumes racines blanchis et saler.*

7. *Réchauffer la sauce.*

8. *Dresser joliment dans de belles grandes assiettes chaudes. Les napoléons d'épaules désossés au centre, une tranche épaisse de la longe dessus et les légumes autour. Napper de la sauce et garnir d'une feuille de sauge.*

## Agneau du Bas-du-Fleuve

# Rôti de contre-filet de bœuf
## jus de cuisson au thé de Ceylan, céleri-rave rôti, en purée et frit

*Une sauce au thé très noir et très fort, inspirée de celle que ma grand-mère faisait lorsqu'elle déglaçait à la minute le jus de cuisson de son rôti.*

*À l'automne… du filet de bœuf rôti à point avec une bonne purée. Hmmm ! Avec du céleri-rave, c'est différent et délicieux !*

*J'aime décliner un légume de plusieurs manières et ainsi le faire découvrir.*

PLAT POUR 4 PERSONNES

## INGRÉDIENTS

| | | |
|---|---|---|
| 1 | pomme de terre, pelée | 1 |
| 3 | gros céleris-raves, pelés | 3 |
| 6 | grosses gousses d'ail, épluchées | 6 |
| 200 g | beurre | 7 oz |
| | huile végétale en quantité suffisante, pour la friture | |
| | sel, au goût | |
| 700 g | contre-filet de bœuf paré | 1 1/2 lb |
| 15 ml | moutarde de Dijon | 1 c. à soupe |
| 1 | oignon émincé | 1 |
| 500 ml | thé de Ceylan infusé (très fort) | 2 tasses |

# Mise en place

1. PURÉE. *Cuire dans l'eau la pomme de terre, 2 céleris-raves coupés en petits morceaux et 3 gousses d'ail. Bien égoutter et faire la purée en ajoutant 125 g (4 oz) de beurre ramolli. Réserver au chaud.*

2. *Couper en fines tranches le quart du dernier céleri-rave et le frire dans l'huile végétale ; saler. Réserver sur du papier absorbant.*

3. *Couper ce qui reste de céleri-rave en gros bâtonnets ; les badigeonner de beurre, les saler et les déposer dans un petit plat allant au four.*

4. RÔTI. *Badigeonner le contre-filet de bœuf de moutarde et saler généreusement. Dans une lèchefrite, déposer 3 gousses d'ail, l'oignon émincé et le contre-filet.*

# Assemblage

5. *Préchauffer le four à 220 °C (425 °F). Enfourner les bâtonnets de céleri-rave et le contre-filet, saisir à four très chaud pendant 5 minutes. Diminuer un peu la température à 160 °C (325 °F). Cuire encore pendant 15 minutes pour une cuisson rosé-saignant – ces températures sont approximatives, un thermomètre à cuisson vous donnera plus de précision.*

6. *Retirer du four. Laisser reposer pendant au moins 10 minutes au chaud.*

7. SAUCE. *Déposer et dégraisser la lèchefrite sur feu vif, déglacer avec le thé infusé, laisser réduire de moitié. Couler ce liquide dans une passoire (chinois) et récupérer dans une petite casserole. Goûter, assaisonner et ajouter ce qui reste de beurre.*

8. *Trancher le rôti et déposer dans des assiettes chaudes, avec la purée, les bâtonnets et les fritures de céleri. Napper de sauce.*

## Rôti de contre-filet de bœuf

# Longe de cerf rouge de Boileau

## dans les Laurentides, sauce au vin rouge, aux baies de poivre et de genièvre, purée de topinambours

❧ *J'ai eu l'occasion de visiter le magnifique et vaste domaine de la Ferme Harp, à Boileau, près de l'aval de la rivière Rouge, presque à cheval avec la région de l'Outaouais.*

*La qualité et la finesse de la viande de ces cerfs sont tout à fait exceptionnelles.*

PLAT POUR 6 PERSONNES

## INGRÉDIENTS

| | | |
|---|---|---|
| 8 | gros topinambours, pelés (500 g [1 lb]) | 8 |
| 150 g | beurre | 5 oz |
| | sel, au goût | |
| 1,2 kg | longe de cerf rouge de Boileau (200 g [7 oz] par personne) | 2 1/2 lb |
| 15 ml | huile de tournesol | 1 c. à soupe |
| 1 | échalote émincée | 1 |
| 50 ml | vinaigre balsamique (10 ans) | 3 c. à soupe |
| 200 ml | vin rouge, sec | 3/4 tasse |
| 6 | baies de genièvre | 6 |
| 60 ml | baies de poivres rose et vert | 4 c. à soupe |
| 200 ml | fond de gibier ou de veau | 3/4 tasse |

# Mise en place

1. PURÉE. *Couper les topinambours en petits morceaux. Cuire dans l'eau jusqu'à ce que les morceaux soient assez tendres. Bien égoutter – c'est très important sinon la purée sera trop liquide. Faire la purée en y ajoutant 100 g (3 oz) de beurre ramolli ; saler. Réserver au chaud.*

# Assemblage

2. VIANDE. *Saler la longe de cerf rouge. Dans un poêlon à fond épais, cuire avec un peu d'huile de tournesol et de beurre, comme pour cuire un steak (quelques minutes seulement de chaque côté, selon la cuisson désirée). Retirer et réserver au chaud.*

3. SAUCE. *Dans ce même poêlon, ajouter l'échalote et déglacer avec le vinaigre balsamique et le vin rouge, ajouter les baies de genièvre et les baies de poivre. Mouiller avec le fond de veau et laisser réduire de moitié. Ajouter ce qui reste de beurre, goûter et saler.*

3. *Garnir de purée des assiettes chaudes, y déposer le cerf et napper de sauce.*

**L'EAU À LA BOUCHE**

LES 4 SAISONS
SELON ANNE DESJARDINS

## Longe de cerf rouge

# Fromage de lait cru Riopelle
## de l'île aux Grues, accompagné de prunes de Jude Lavigne macérées au porto rouge, aux amandes grillées et aux épices

 *Voilà un délicieux fromage que j'aime servir à la fin de l'été ou à l'automne accompagné de belles prunes du verger de Jude Lavigne. Il accorde beaucoup de soins aux fruits de son verger et ne les cueille qu'à pleine maturité. Bref, c'est un plaisir de les cuisiner.*

POUR 4 PERSONNES

### INGRÉDIENTS

| | | |
|---|---|---|
| 100 g | amandes en bâtonnet | 3 oz |
| 16 | prunes bleues | 16 |
| 500 ml | porto rouge | 2 tasses |
| 15 ml | vinaigre balsamique | 1 c. à soupe |
| 1 | étoile d'anis étoilé | 1 |
| 200 g | fromage Riopelle de l'île aux Grues | 7 oz |

# Mise en place

1. *Dans un poêlon, griller à sec les amandes. Dénoyauter les prunes, les couper en quatre et les mettre das un petit bol. Dans une petite casserole, porter le porto à ébullition, y ajouter le vinaigre, les amandes et l'anis étoilé ; laisser réduire de moitié.*

2. *Verser le liquide ainsi obtenu sur les prunes. Laisser macérer au moins quelques heures et refroidir.*

# Assemblage

3. *Chambrer le fromage au moins deux heures avant de servir. Offrir une pointe de fromage accompagnée de prunes à chaque convive ; servir avec un pain au levain.*

*Fromage au lait cru*
Riopelle

**L'EAU À LA BOUCHE**
LES 4 SAISONS
SELON ANNE DESJARDINS

# Gâteau aux noisettes
## crème fouettée, poêlée de pommes d'Oka aux noisettes et au sirop d'érable, parfum d'anis étoilé

*J'aime bien cette recette de gâteau sans farine (ou presque) si léger, pas trop sucré et très facile à réussir avec les belles pommes de nos vergers. Il faut essayer celles de Jude Lavigne à Oka. Que de variétés à découvrir !*

POUR 8 PERSONNES

## INGRÉDIENTS

| | | |
|---|---|---|
| 5 | jaunes d'œuf et 60 g (2 oz) de sucre | 5 |
| 250 ml | noisettes moulues | 1 tasse |
| 22 ml | farine | 4 c. à thé |
| 15 ml | poudre à pâte | 1 c. à soupe |
| 5 | blancs d'œuf et 60 g (2 oz) de sucre | 5 |
| 4 | pommes à cuire (Empire ou Cortland) | 4 |
| 150 ml | crème 35 % des Trois-Vallées | 1/2 tasse |
| 15 ml | sucre d'érable (ou régulier) | 1 c. à soupe |
| 60 g | beurre | 2 oz |
| 45 ml | noisettes broyées grossièrement | 3 c. à soupe |
| 1 pincée | anis étoilé moulu | 1 pincée |
| 75 ml | sirop d'érable | 5 c. à soupe |

# Mise en place

1. Préchauffer le four à 205 °C (400 °F).

2. Dans un grand bol, battre et laisser blanchir au malaxeur les jaunes et le sucre, incorporer délicatement les noisettes moulues, la farine et la poudre à pâte. Dans un autre bol, battre les blancs en neige avec le sucre, incorporer délicatement au mélange à base de jaunes d'œuf.

3. Sans attendre, étaler le mélange dans un moule rectangulaire (30 × 20 × 5 cm / 12 × 8 × 2 po), recouvert de papier parchemin. Cuire au four 15 minutes environ. Refroidir et démouler sur une grille. Réserver.

4. Peler et épépiner les pommes ; les couper en tranches et réserver dans une eau légèrement citronnée.

5. Fouetter la crème avec le sucre d'érable et l'anis étoilé. Réserver au frais.

# Assemblage

6. Dans un poêlon à fond épais, fondre un peu de beurre et caraméliser les pommes et les noisettes broyées. Ajouter l'anis étoilé et le sirop d'érable. Laisser réduire ce sirop et ajouter une autre cuillerée de beurre.

7. Servir cette préparation dans de jolies assiettes, avec un morceau de gâteau aux noisettes et un peu de crème fouettée.

Gâteau aux noisettes

# J'aime l'automne (...)

Les récoltes sont abondantes, les maraîchers
et les producteurs ont engrangé et offrent,
sous de multiples formes, couleurs et saveurs,
la générosité de la terre nordique...

**La neige** a tout figé sous son manteau blanc, mais il fait bon et chaud dans nos maisons. Les récoltes engrangées et le savoir-faire des producteurs vont continuer de nous offrir, durant toute cette longue saison la générosité de la terre ; les assiettes resteront bien garnies, appétissantes et inventives.

La nordicité requiert de ses cuisiniers une créativité stimulante. Ainsi des technologies avancées ont rendu possible l'installation de serres de toutes formes, traditions ou origines, où l'hydroélectricité permet la production de petites verdures, de fines herbes et de légumes à des coûts relativement raisonnables.

# hiver

Les différents élevages de truites et d'ombles chevaliers, les délicieux caviars — blond de corégone, rouge de truite et noir d'esturgeon des lacs de l'Abitibi et du Témiscamingue — sont de la partie pour diversifier nos menus d'hiver. Nous avons aussi réappris les techniques européennes et amérindiennes de conservation des poissons par le salage et le fumage. Volaille fine, foie gras, viande et gibier sont offerts à l'année.

Boule de céleri, betterave jaune, courge Hubbard, autant de produits redécouverts par nos maraîchers et qu'on peut goûter, même au creux de l'hiver. Riz sauvage, orge, sarrasin, voilà des grains qui gagnent à être connus, ainsi que l'huile de citrouille et le vinaigre d'hydromel.

Au cœur même du mois de février, je peux cuisiner un dîner préparé exclusivement avec nos produits régionaux.

Comment ne pas parler des fromages fins qui maintenant inondent le marché. Ces dernières années, je ne sais combien de nouveaux fromages ont vu le jour ! Plus d'une centaine, je crois. Tous n'ont pas été une réussite mais, de cette multitude de nouveautés et d'essais, certains, particulièrement ceux faits de lait cru — ou *thermisé*, pour s'exprimer plus justement — sont de véritables révélations. C'est connu, l'industrie laitière au Québec est puissante et riche d'une technologie depuis longtemps encouragée par la recherche universitaire et le ministère de l'Agriculture. Aussi loin que je me souvienne, le fromage faisait partie de l'ordinaire de la table familiale. Rappelons-nous, le fromage cheddar jaune orange doux du matin et, à l'occasion, le cheddar blanc vieilli ou le fromage Oka au parfum si caractéristique — il sentait… fort ! Mais à la suite de voyages en Europe, où les fromages font partie du plaisir de la table et des gastronomies locales (qui bénéficient souvent d'une protection de type AOC [appellation d'origine contrôlée] pour leur agriculture et la vie économique qui en découle), comme beaucoup d'autres Québécois à l'époque, j'ai découvert le plaisir de cuisiner ou de terminer un bon repas avec des fromages fins. Maintenant, on n'a que l'embarras du choix, tellement l'offre et la diversité sont grandes. L'hiver, j'adore préparer pour la famille une fondue avec du *Vacherin* des Bois-Francs, ou encore une raclette avec le *Wabassee* de Mont-Laurier et quelques pommes de terre rattes miniatures de Terry ; j'aime présenter, sur mon menu-découverte d'hiver, une tartelette aux noix et au *Victor et Berthold* de Martin Guilbault dans Lanaudière ou encore des ravioli farcis au fromage de chèvre de la Bergerie du Troupeau Bénit de Chatham près de Lachute.

Yannick Achim, de la Fromagerie du Marché, à Saint-Jérôme, enrichit mes connaissances sur les nouveautés et les particularités des fromages. Je crois qu'il faut encourager l'excellence et que beaucoup de nos producteurs ont mis les bouchées doubles, apprenant très vite et ajustant leurs recettes aux techniques nouvellement acquises. Bravo ! Leur dynamisme est important pour la survie d'une agriculture en compétition avec la planète.

En conclusion rapide, je me permets de souligner que malgré — ou grâce à — notre situation au nord du 47e parallèle, c'est toute l'abondance et l'authenticité du Nord qui s'exprime !

CLAUDE DESROCHERS DANS SON CHAI D'HYDROMEL, À FERME-NEUVE

# Méli-mélo de truite marinée minute à l'érable

## fenouil, petites verdures de serre de Mirabel et noix de pin, jus de fenouil à l'huile d'olive vierge

*Parfums et ingrédients faciles à trouver l'hiver et qui mettent en valeur la finesse de la truite. Goût anisé, douceur de l'érable et des noix de pin.*

ENTRÉE POUR 4 PERSONNES

## Ingrédients

| | | |
|---|---|---|
| 50 g | gros sel | 2 oz |
| 100 ml | sirop d'érable | 1/2 tasse |
| 5 ml | grains de poivre, grossièrement moulus | 1 c. à thé |
| 1 | étoile d'anis étoilé, grossièrement moulue | 1 |
| 1 | citron, jus et zeste | 1 |
| 15 ml | Pernod | 1 c. à soupe |
| 1 | filet de truite fraîche (ou de petit saumon ou d'omble chevalier) de 250 g (8 oz) | 1 |
| 1 | bulbe de fenouil (avec son feuillage, si possible) | 1 |
| 125 ml | huile d'olive vierge de la meilleure qualité | 1/2 tasse |
| 2 | oignons verts, émincés | 2 |
| | sel et poivre, au goût | |
| | petites verdures | |
| 30 ml | pignons fraîchement rôtis | 2 c. à soupe |

# Mise en place

1. Préparer la marinade en mélangeant le gros sel, le sirop d'érable, le poivre et l'anis étoilé ; ajouter la moitié du jus de citron et du Pernod.

2. Déposer le filet de truite dans un plat creux, l'arroser de marinade. Laisser mariner au froid pendant 3 heures. Retirer le filet de la marinade, le laver et l'assécher. Réserver au froid.

3. Couper le bulbe de fenouil et en passer la moitié à la centrifugeuse, pour obtenir 125 ml (1/2 tasse) de jus environ. Réserver. Émincer très, très finement (de préférence à la mandoline) l'autre moitié du bulbe de fenouil. Réserver le feuillage ; en hacher l'équivalent de 30 ml (2 c. à soupe) et conserver quelques feuilles pour décorer l'assiette.

# Assemblage

4. Faire une vinaigrette en mélangeant l'huile d'olive, 1/2 tasse de jus de fenouil, le reste du jus de citron, l'oignon vert, le feuillage de fenouil haché, du poivre et du sel. Verser cette vinaigrette sur le fenouil émincé et les petites verdures. Bien mélanger et ajouter 1 c. à soupe de pignons rôtis.

5. Couper le filet de truite en petits tronçons. Dans des assiettes froides, déposer joliment le méli-mélo que vous aurez façonné dans un cercle de métal de 7,5 cm (3 po) de diamètre. Y ajouter les tronçons de truite. Bien récupérer le jus et en arroser le méli-mélo. Décorer avec les feuilles de fenouil, le zeste de citron et les noix de pin réservées.

*Méli-mélo de truite marinée*

# Médaillons de foie gras frais

## de canard aux six épices, mi-cuit comme au torchon, gelée fine à l'hydromel Cuvée du diable *de Ferme-Neuve*

*Voici une recette que je prépare à L'Eau à la Bouche depuis quelques années. Auparavant je cuisais mon foie gras frais de canard au four, dans une terrine au bain-marie, mais je trouvais le résultat très inégal. C'est mon amie Denise Cornelier, traiteur à Montréal, qui m'a appris cette manière moderne de « pocher » le foie gras ; j'y ai ajouté des ingrédients que j'aime bien.*

*La découverte du merveilleux hydromel* Cuvée du diable *de Claude Desrochers, à Ferme-Neuve, m'a inspiré cette harmonie du foie gras et de l'hydromel où les épices donnent du caractère à la recette. Au restaurant je l'accompagne d'une brioche aux épices et de quelques petites verdures.*

*La commodité de cette recette est qu'elle peut être préparée une semaine à l'avance, ce qui serait même mieux. Il ne reste alors plus que la gelée d'hydromel à préparer le jour même. N'oubliez pas d'acheter une bonne brioche du jour chez votre boulanger favori.*

*Pour une entrée de fête élégante ou au moment de l'apéritif… À savourer avec l'hydromel* Cuvée du diable, *bien sûr !*

ENTRÉE POUR 6 PERSONNES

## INGRÉDIENTS

| | | |
|---|---|---|
| 1 | lobe cru de foie gras frais de canard mulard de 500 g (1 lb) environ | 1 |
| 1/2 bouteille | hydromel Cuvée du Diable de la ferme Desrochers à Ferme-Neuve | 1/2 bouteille |
| 15 ml | épices moulues finement (broyer finement au moulin quelques pincées d'anis étoilé, de piment de la Jamaïque, de cardamome, de coriandre, de poivre rose, de poivre noir et de baies de genièvre) | 1 c. à soupe |
| 7 g | sel fin | 1/4 oz |
| 3 feuilles | gélatine | 3 feuilles |

# Mise en place

1. FOIE GRAS *(peut se préparer une semaine à l'avance). Dénerver soigneusement le lobe de foie gras frais de canard en suivant bien le réseau de veinules.*

2. *Déposer le foie gras dans un plat creux et l'arroser de 45 ml (3 c. à soupe) d'hydromel ; ajouter les épices et le sel, bien répartir les assaisonnements. Couvrir d'une pellicule de plastique et réfrigérer durant 24 heures.*

3. *Le lendemain, étendre une pellicule de plastique de 60 cm x 30 cm (24 po x 12 po). Y déposer la moitié des morceaux de foie gras, former un rondin bien serré de 3,8 cm (1,5 po) de diamètre en enroulant de façon régulière la pellicule autour des morceaux de foie gras. Recommencer cette dernière opération avec le reste du foie gras. Réserver au froid pendant au moins 2 heures.*

4. *Dans de l'eau frémissante (82 °C [180 °F]), cuire les rondins, bien roulés dans la pellicule de plastique, pendant 4 minutes ; cette dernière ne fondra pas et se scellera naturellement. La température intérieure devra atteindre 63 °C (145 °F).*

5. *Égoutter et réserver au froid.*

6. GELÉE D'HYDROMEL. *Gonfler la gélatine dans un peu d'eau froide. Dans une petite casserole, porter le reste de l'hydromel à ébullition pendant 1 minute pour permettre l'évaporation de l'alcool ; retirer du feu et dissoudre la gélatine égouttée dans ce liquide chaud. Verser dans un plat creux et laisser figer au frais.*

7. *Découper la gelée d'hydromel en petits dés.*

# Assemblage

8. *Enlever la pellicule de plastique des rondins et couper 3 tranches de foie gras par personne.*

9. *Dans des assiettes froides, déposer les tranches de foie gras, ajouter la gelée d'hydromel et des tranches de brioche ou de pain grillées.*

# Médaillons de foie gras

# Tartare de cerf rouge de Boileau

## gelée et julienne de betteraves jaunes de Prévost, quelques feuilles de poirée et de pourpier de Mirabel, copeaux de fromage de Brebis

*La viande de cerf rouge de Boileau est délicate, maigre et très saine. Elle est donc tout à fait indiquée pour exécuter un tartare, expression d'origine belge qui désigne une viande crue, mélangée à des assaisonnements.*

*Voici une interprétation que j'en fais.*

*Cette recette est aussi très intéressante et délicieuse en bouchées apéritives.*

### ENTRÉE POUR 4 PERSONNES

### INGRÉDIENTS

| | | |
|---|---|---|
| 3 | grosses betteraves jaunes | 3 |
| 30 ml | vinaigre de cidre de Saint-Joseph-du-Lac | 2 c. à soupe |
| | sel, au goût | |
| 1 1/2 feuille | gélatine | 1 1/2 feuille |
| 250 g | viande maigre de cerf rouge | 8 oz |
| 60 ml | huile de canola biologique | 1/4 tasse |
| 5 ml | moutarde de Dijon | 1 c. à thé |
| 5 ml | sirop d'érable | 1 c. à thé |
| 3 | oignons verts émincés | 3 |
| | feuilles de poirée et de pourpier (ou endives et radicchio) | |
| 50 g | fromage de brebis, en copeaux | 2 oz |

# Mise en place

1. Cuire 2 betteraves jaunes avec leur peau. Entre-temps passer à la centrifugeuse l'autre betterave jaune, ce qui devrait donner 125 ml (1/2 tasse) de jus. Verser ce jus dans une petite casserole avec 5 ml (1 c. à thé) du vinaigre de cidre ; amener à ébullition, goûter et saler ; y dissoudre la gélatine préalablement trempée dans un peu d'eau. Verser dans un petit plat creux et laisser prendre en gelée au froid. Réserver.

2. Parer le morceau de viande : sur une planche à découper impeccablement propre, enlever parfaitement le gras et les nerfs. Au couteau, couper la viande en très petits dés. Réserver au froid.

3. Peler les betteraves cuites et les couper en julienne. Préparer une vinaigrette avec l'huile de canola, le reste du vinaigre de cidre, la moutarde, le sirop d'érable et du sel.

# Assemblage

4. Vingt minutes avant de servir, mélanger la viande crue avec la moitié de la vinaigrette et de l'oignon vert et réserver. Mélanger la julienne de betteraves avec un peu de la vinaigrette et réserver. Découper la gelée de betterave en petits dés.

5. Dans des assiettes froides, déposer le tartare sur la julienne de betterave, mettre autour les petites verdures et les copeaux de fromage ; parsemer des dés de gelée.

*Tartare de cerf rouge*

# Duo de suprêmes de caille

## et de foie gras frais de canard poêlés, servi sur julienne de courge Hubbard et d'oignons caramélisés juste déglacés à l'hydromel Cuvée du Diable

*Facile, rapide et délicieux.*

*De beaux produits, luxueux dans le cas du foie gras ou des cailles, mais de tous les jours pour ce qui est des oignons et de la courge. Et bien sûr, le merveilleux hydromel de la ferme Desrochers à Ferme-Neuve.*

ENTRÉE POUR 4 PERSONNES

## INGRÉDIENTS

| | | |
|---|---|---|
| 2 | oignons jaunes, émincés | 2 |
| 45 ml | beurre | 3 c. à soupe |
| 45 ml | huile d'olive | 3 c. à soupe |
| | sel, au goût | |
| 200 ml | hydromel Cuvée du Diable | 3/4 tasse |
| 300 ml | fond de volaille corsé | 1 1/4 tasse |
| | (voir recette en page 18) | |
| 250 ml | julienne de courge Hubbard | 1 tasse |
| 4 | suprêmes de cailles | 4 |
| | (réserver les cuisses pour une autre recette) | |
| 4 | escalopes de foie gras frais de canard | 4 |
| | de 50 g (2 oz) chacune | |
| | poivre du moulin | |

# Mise en place

1. *Dans un poêlon, caraméliser les oignons dans un peu de beurre et d'huile d'olive à feu doux ; saler et retirer du poêlon. Réserver au chaud.*

2. *SAUCE. Déglacer le poêlon avec l'hydromel et le fond de volaille ; laisser réduire, goûter et assaisonner au goût. Réserver.*

3. *Dans un autre poêlon, faire tomber la julienne de courge pendant pas plus de 2 minutes à feu doux. Réserver au chaud.*

# Assemblage

4. *Dans un poêlon à fond épais, avec un peu de beurre et d'huile d'olive, poêler les suprêmes de caille pendant 1 minute de chaque côté, à feu moyen ; saler. Réserver au chaud.*

5. *Dans un poêlon antiadhésif, poêler les escalopes de foie gras pendant 1 minute de chaque côté, à feu moyen. Les déposer sur une grille ; saler. Réserver au chaud.*

6. *Dans des assiettes chaudes, déposer des oignons caramélisés et de la julienne de courge mélangés joliment ; déposer dans le centre la demi-caille et une escalope de foie gras ; parsemer de poivre fraîchement moulu. Napper de la sauce et servir immédiatement.*

**L'EAU À LA BOUCHE**
LES 4 SAISONS
SELON ANNE DESJARDINS

# Duo de suprêmes
## de caille

# Médaillons de lotte poêlés
## *jus de veau aux deux moutardes, cippolini et courge*

*La lotte est un poisson très laid mais savoureux, aux arêtes rares et à chair ferme.*

*Il peut sembler étonnant de marier une saveur de poisson avec un jus de viande et de la moutarde, mais les parfums et les textures s'entremêlent merveilleusement bien.*

*À découvrir !*

PLAT POUR 4 PERSONNES

## INGRÉDIENTS

| | | |
|---|---|---:|
| 30 ml | moutarde de Meaux | 2 c. à soupe |
| 30 ml | moutarde de Dijon | 2 c. à soupe |
| 100 ml | huile d'olive vierge | 1/2 tasse |
| 12 | cippolini (ou petits oignons) | 12 |
| 60 ml | vin blanc | 1/4 tasse |
| 200 ml | fond de veau (voir recette en page 18) | 3/4 tasse |
| | sel, au goût | |
| | jus de citron frais | |
| 50 g | beurre | 2 oz |
| 1/2 | courge poivrée, en julienne | 1/2 |
| 800 g | lotte fraîche, parée et coupée en petits médaillons (150 g [5 oz] par personne) | 1 3/4 lb |
| | feuilles de pourpier | |

# Mise en place

1. *Mélanger la moutarde de Meaux, la moutarde de Dijon et 30 ml (2 c. à soupe) d'huile d'olive. Réserver.*

2. *Éplucher et parer les oignons.*

3. *SAUCE. Dans une petite casserole, faire bouillir le vin blanc pendant 2 minutes. Ajouter le fond de veau, laisser réduire ; ajouter 5 ml (1 c. à thé) du mélange de moutardes et saler au goût. Ajouter quelques gouttes de jus de citron. Réserver au chaud.*

# Assemblage

4. *Dans un poêlon, caraméliser les oignons dans un peu de beurre et d'huile d'olive, à feu doux ; saler. Réserver au chaud.*

5. *Dans un autre poêlon, faire revenir la julienne de courge dans un peu d'huile d'olive, à feu vif ; saler. Réserver.*

6. *Chauffer un autre poêlon et y verser un peu d'huile d'olive. Déposer les médaillons de lotte, saler, cuire pendant quelques minutes de chaque côté. Badigeonner du mélange de moutardes.*

7. *Dans des assiettes chaudes, déposer par trois les oignons, puis la julienne de courge et les médaillons de lotte ; napper de la sauce. Garnir joliment les assiettes de feuilles de pourpier.*

# Médaillons de lotte poêlés

# Suprême d'oie de la baie du Febvre poêlé

## cuisse braisée et foie gras dans un petit chou, émincé de deux choux, zeste d'orange et atocas

 *Chou, oie fermière goûteuse et foie gras, parfums d'agrumes et de petits fruits, voilà des ingrédients gagnants pour une recette d'hiver.*

PLAT POUR 6 PERSONNES

### INGRÉDIENTS

| | | |
|---|---|---|
| 1 | oie de la baie du Febvre | 1 |
| 1 | chou de Savoie (frisé) | 1 |
| 1/2 | chou rouge, émincé | 1/2 |
| 100 ml | hydromel de Ferme-Neuve | 1/2 tasse |
| 1 | orange, jus et zeste | 1 |
| 2 | échalotes émincées | 2 |
| 6 | tiges de thym frais | 6 |
| 4 | baies de genièvre | 4 |
| 60 ml | atocas (préférablement sauvages) | 1/4 tasse |
| | sel, au goût | |
| 60 g | beurre doux | 2 oz |
| 200 g | champignons blancs, émincés | 7 oz |
| 200 g | foie gras frais (d'oie ou de canard) | 7 oz |
| | huile d'olive, en quantité suffisante | |

# Mise en place

1. Préchauffer le four à 150 °C (300 °F). Prélever les suprêmes d'oie, les parer et quadriller des entailles sur le gras avec un couteau. Réserver au frais.

2. Prélever sur le chou frisé six très belles feuilles pour façonner les petits choux farcis, les blanchir et les réserver. Émincer le reste du chou frisé.

3. BRAISER LES CUISSES D'OIE. Mettre les cuisses dans une cocotte au four pendant 3 1/2 heures, avec l'hydromel, le jus d'orange, un peu de zeste et la moitié de l'échalote, du thym, des baies de genièvre et des atocas ; saler (si désiré, ajouter aussi les parures des choux). Après la cuisson, retirer les cuisses, les désosser et réserver. Couler le jus de cuisson dans une passoire (chinois), le remettre sur le feu et y ajouter le reste de l'échalotte, du thym, des baies de genièvre et des atocas. Laisser réduire, rectifier le goût et ajouter des noisettes de beurre. Réserver au chaud.

4. FARCE DES PETITS CHOUX. Dans un poêlon, faire revenir les champignons émincés et les échalotes dans un peu de beurre à feu moyen, saler et ajouter un peu du zeste. Mettre dans un bol et laisser refroidir. Ajouter 300 ml (1 1/4 tasse) de chair de cuisse d'oie désossée et réservée, le foie gras coupé en gros cubes ; mélanger le tout, goûter et rectifier l'assaisonnement.

# Assemblage

5. Étaler les feuilles de chou et déposer dans chacune une partie de la farce ; refermer la feuille de chou de manière à former un petit ballot bien serré. Déposer dans un plat beurré, réchauffer au four à 175 °C (350 °F) pendant 15 minutes. Réserver au chaud.

6. Dans un poêlon épais, chauffer un peu d'huile d'olive à feu moyen. Cuire les suprêmes d'oie, côté du gras, jusqu'à caramélisation ; saler. Réserver au chaud. Faire revenir les deux choux dans un peu d'huile d'olive, saler et ajouter le zeste.

7. Dans de jolies assiettes chaudes, déposer l'émincé de chou, les tranches de suprêmes d'oie et le petit ballot de chou au foie gras frais. Ajouter la sauce.

## Suprême d'oie de la baie du Febvre

# Caille rôtie et farcie à l'ancienne
## au foie gras frais, sauce à l'hydromel
## Cuvée du Diable *et aux six épices*

*Une recette que je cuisine à L'Eau à la Bouche depuis les débuts. Une farce au pain et au foie gras, c'est si bon !*

*Un peu de préparation préliminaire, mais si facile à servir ensuite.*

PLAT POUR 6 PERSONNES

## INGRÉDIENTS

### FARCE

| | | |
|---|---|---|
| 4 | tranches de pain au levain, rassis et grossièrement émietté | 4 |
| 250 ml | crème 35 % | 1 tasse |
| 100 ml | hydromel Cuvée du diable | 1/2 tasse |
| 1 | œuf | 1 |
| 1 | gousse d'ail, émincée | 1 |
| 1 | échalote émincée | 1 |
| 5 ml | épices moulues (1 pincée de chaque : poivre noir, piment de la Jamaïque, poivre rose, cardamome, anis étoilé, baies de genièvre) | 1 c. à thé |
| 250 g | foie gras frais de canard, coupé en gros dés sel, au goût | 8 oz |

### SAUCE

| | | |
|---|---|---|
| 150 ml | caramel d'hydromel aux épices (voir recette en page 21) | 1/2 tasse |
| 500 ml | fond de caille ou de volaille (voir recette en page 18) sel, au goût | 2 tasses |
| 1 | échalote émincée | 1 |
| 50 g | beurre doux frais | 1 3/4 oz |

### CAILLES

| | | |
|---|---|---|
| 6 | cailles désossées sel, au goût | 6 |
| 75 g | beurre doux ramolli (pommade) | 3 oz |

## ÉPINARDS

| | | | |
|---|---|---|---|
| 1 kg | épinards frais | | 2 lb |
| 15 ml | beurre | | 1 c. à soupe |
| 15 ml | huile d'olive | | 1 c. à soupe |
| | sel, au goût | | |

# Mise en place

1. FARCE. *Dans un bol, déposer le pain, bien l'imbiber avec la crème et l'hydromel ; attendre quelques minutes. Ajouter l'œuf, l'ail, l'échalote, les épices, le foie gras et le sel ; bien mélanger. Goûter et rectifier l'assaisonnement.*

2. SAUCE. *Préchauffer le four à 190 °C (375 °F). Porter à ébullition le caramel d'hydromel aux épices (réserver 15 ml [1 c. à soupe]) ; ajouter le fond de caille ou de volaille. Laisser réduire, goûter et saler. Réserver.*

3. *Déposer les cailles désossées, côté peau, sur le plan de travail, les saler et répartir la farce également à l'intérieur de chacune d'elles. Les refermer et les poser sur des carrés de papier d'aluminium. Déposer dans un plat creux allant au four, côté des suprêmes sur le dessus, badigeonner de beurre pommade.*

4. CAILLES. *Cuir au four pendant 20 minutes environ (pendant les 5 dernières minutes, badigeonner avec le jus de cuisson et le caramel d'épices réservé). Laisser reposer au moins 10 minutes au chaud.*

# Assemblage

5. *Dans une casserole, faire tomber à feu doux les épinards dans le beurre et l'huile d'olive ; saler. Réserver.*

6. *Remettre la sauce sur le feu. Ajouter le beurre et l'échalotte, en brassant à l'aide d'un fouet.*

7. *Dans des assiettes chaudes, mettre la fondue d'épinards, déposer la caille dessus. Napper de la sauce.*

## Caille rôtie et farcie
## à l'ancienne

# Médaillons de filet de porc

## gratinés au fromage Paillot de chèvre de Portneuf, légumes racines au parfum de thym, sauce au vinaigre balsamique vieilli et à l'échalote

 *Le fromage de chèvre ajoute acidité et moelleux à ce plat auquel le vieux balsamique et l'échalote répondent.*

PLAT POUR 4 PERSONNES

### INGRÉDIENTS

| | | |
|---|---|---|
| 1 | petite rave, épluchée | 1 |
| 1 | carotte moyenne, épluchée | 1 |
| 1 | gros panais, épluché | 1 |
| | thym frais | |
| | sel, au goût | |
| 2 | filets de porc coupés en médaillons de 2,5 cm (1 po) – compter 3 médaillons par personne | 2 |
| 30 ml | beurre | 2 c. à soupe |
| 15 ml | huile d'olive | 1 c. à soupe |
| 125 g | beurre coupé en morceaux | 4 oz |
| 4 | échalotes émincées finement | 4 |
| 75 ml | vinaigre balsamique vieilli (10 ans minimum) | 5 c. à soupe |
| 200 ml | vin rouge | 3/4 tasse |
| 125 ml | bouillon de veau (voir recette en page 18) | 1/2 tasse |
| 120 g | Paillot de chèvre de Portneuf ou autre fromage de chèvre affiné (12 morceaux de 10 g [1/3 oz] chacun) | 4 oz |

# Mise en place

1. Tailler les légumes racines en petits dés. Cuire et égoutter, ajouter du thym, saler. Réserver au chaud.

2. Poêler les médaillons de porc avec du beurre et de l'huile d'olive dans une sauteuse, à feu moyen, pendant 2 minutes de chaque côté. Réserver au chaud sur une plaque allant au four.

3. Ajouter une noisette de beurre dans cette même sauteuse, y faire blondir les échalotes émincées et déglacer avec le vinaigre balsamique et le vin rouge ; mouiller avec le fond de veau et laisser réduire de moitié ; goûter, saler et ajouter une autre noisette de beurre. Réserver.

# Assemblage

4. Déposer le fromage sur les médaillons de porc cuits et glisser sous le grill du four jusqu'à ce que le fromage commence à fondre.

5. Dans le centre de chacune des assiettes bien chaudes, déposer les légumes, disposer les trois médaillons de porc et verser la sauce.

## Médaillons de filet de porc

# *Fromage* Victor et Berthold
## *de Martin Guilbault de Lanaudière, gratiné sur pain au levain, chutney de carottes au cumin et petites verdures de Mirabel*

*Ce chutney, ou compote aigre-douce, se conserve plusieurs semaines au frigo. Pour le faire, j'utilise les carottes de couleur de Terry, d'*Insalada, *mais de bonnes carottes de votre préférence seront très bien aussi.*

POUR 4 PERSONNES

## INGRÉDIENTS

| | | |
|---|---|---|
| 5 ml | cumin | 1 c. à thé |
| 125 ml | miel naturel des Laurentides | 1/2 tasse |
| 125 ml | vinaigre de cidre | 1/2 tasse |
| 1 pointe | curcuma | 1 pointe |
| 1 | oignon émincé finement | 1 |
| 6 | grosses carottes, râpées ou en julienne fine | 6 |
| 4 | tranches de pain au levain | 4 |
| 200 g | fromage Victor et Berthold (50 g [2 oz] par personne) | 7 oz |
| 250 ml | petites verdures de Mirabel | 1 tasse |
| 15 ml | d'huile d'olive vierge | 1 c. à soupe |
| 5 ml | de jus de citron sel | 1 c. à thé |

## MISE EN PLACE

1. CHUTNEY DE CAROTTES AU CUMIN. *Faire chauffer à sec une casserole moyenne, y jeter les graines de cumin et faire revenir pendant 1 minute.*

2. *Ajouter le miel, le vinaigre de cidre et la pointe de curcuma ; ajouter ensuite l'oignon et les carottes et laisser cuire à feu doux, jusqu'à ce que le mélange carottes-oignons soit cuit, c'est-à-dire légèrement translucide. Réserver au froid.*

## ASSEMBLAGE

1. *Gratiner sous le gril les tranches de pains avec le fromage. Déposer dans une assiette avec un peu de Chutney de carottes au cumin. Accompagner de petites verdures juste assaisonnées d'huile d'olive vierge, du jus de citron et de sel.*

# Délices au miel des Laurentides

*Voilà un délicieux dessert sur le thème du miel. Trois gourmandises au miel rassemblées. Je crois que la qualité du miel que vous choisirez sera détermi-nante pour l a saveur. Les Laurentides peuvent s'enorgueillir de posséder au moins deux fermes apicoles qui récoltent de leurs abeilles des miels naturels , exceptionnels et au parfum qui varient selon les saisons. Préparer ces trois desserts peut sembler un peu long, mais la surprise et le plaisir de vos invités vous récompenseront et si vous préférez, n'en faire qu'un en doublant la recette !*

## Nougatine et mousse au miel glacées

POUR 6 PETITS PORTIONS

### INGRÉDIENTS

**NOUGATINE**

| | | |
|---|---|---|
| 60 g | sucre blanc | 2 oz |
| 60 ml | eau | 3 oz |
| 40 g | amande en bâtonnets | 1 oz 1/2 |
| 125 g | crème 35 % | 4 oz 1/2 |
| 60 g | sucre blanc bouilli avec 30 ml. (2 c à table) d'eau (sirop d'eau) | 2 oz |
| 2 | blancs d'œuf | 2 |

**MOUSSE AU MIEL**

| | | |
|---|---|---|
| 100 g | miel naturel (non pasteurisé) | 3 oz 1/2 |
| 1 feuille (2 g) | gélatine ou 1 demi-sachet de gélatine en granule | |
| 2 | jaunes d'œufs | 2 |
| 150 g | crème 35% | 5 oz |

# Assemblage

### NOUGATINE

1. *Bouillir le premier 60 g de sucre avec 60 ml d'eau pour en faire un caramel de couleur ambré.*

2. *Dans le caramel bouillant jeter les bâtonnets d'amandes, et verser sur une feuille de papier parchemin, laisser prendre et refroidir.*

3. *Fouetter la crème*

4. *Bouillir l'autre mélange de 60 g de sucre avec 25 ml d'eau jusqu'à 121 °C. (250 °F.)*

5. *Monter les blancs d'œuf en neige, y incorporer le sirop obtenu à l'étape 4 pour en faire une meringue italienne (battre jusqu'à refroidissement).*

6. *Concasser le mélange de caramel et amandes durcis de l'étape 2 (avec un Robot Culinaire) et incorporer à la meringue italienne.*

7. *Incorporer la crème fouettée à cette préparation.*

8. *Remplir de cette préparation des petits cercles à pâtisseries de 4 cm (1 1/2 po) de diamètre x 6 cm (2 1/2 po) de hauteur, remplir de moitié.*

9. *Réserver au congélateur*

### MOUSSE AU MIEL

1. *Porter à ébullition le miel, ajouter la gélatine préalablement gonflée dans de l'eau froide et égouttée.*

2. *Battre les jaunes d'œufs au malaxeur tout en faisant couler dessus doucement le miel chaud, battre jusqu'au refroidissement complet de la préparation.*

3. *Fouetter la crème et l'incorporer au mélange refroidi de l'étape 2.*

4. *Verser cette préparation sur les nougatines réservées congelées.*

5. *Remettre les cercles au congélateur et réserver.*

*Note*

*Cette recette doit se préparer impérativement la veille.*

## Délices au miel
### des Laurentides

# Crème brûlée au miel naturel de fleurs sauvages

POUR 6 MINI-RAMEQUINS DE 90 ML CHACUN (3 OZ)

(DONNE 1 DEMI LITRE OU 2 DEMIE TASSE)

## INGRÉDIENTS

| | | |
|---|---|---|
| 90 ml | miel naturel de fleurs sauvages | 3 oz |
| 200 ml | lait entier | 7 oz |
| 300 ml | crème 35 % | 2 oz |
| 6 | jaunes d'œufs battus | 6 |
| 60 ml | sucre pour caraméliser le dessus au moment de servir | 2 oz |

## MÉTHODE

1. Porter à ébullition le miel, le lait la crème. Verser sur les jaunes battus, bien mélanger, verser dans les petits ramequins.

2. Cuire à four très doux (95 °C / 200 °F) jusqu'à ce que la crème soit prise (à peu près 30 minutes), refroidir, réserver et ne caraméliser le dessus qu'au moment de servir.

3. Pour caraméliser, saupoudrer les ramequins du sucre réservé à cet effet. Vous les placerez pendant quelques secondes sous le broil du four, préalablement préchauffer au maximum.

# Frappé au miel des Laurentides

SERVIR DANS 6 PETITS VERRES «FANTAISIE» DE 2 OZ

## INGRÉDIENTS

| | | |
|---|---|---|
| 250 ml | glace au miel (à se procurer chez son boulanger ou son glacier) | 1 tasse |
| 125 ml | hydromel des Laurentides (vin de miel) | 1/2 |

## MÉTHODE

Au moment de servir, mélanger la glace au miel et l'hydromel avec une mixette pendant quelques secondes. Servir immédiatement dans 6 petits verres fantaisie d'une capacité de 60 ml (2 oz).

---

Si vous possédez une sorbetière, voici une recette simple de glace au miel.

# Glace au miel

DONNE 2 TASSES (500 ML) DE GLACE

## INGRÉDIENTS

| | | |
|---|---|---|
| 75 g | sucre | 2 2/3 oz |
| 3 | jaunes d'œufs | 3 |
| 500 ml | lait | 2 tasses |
| 85 g | miel naturel et | 3 oz |
| 125 ml | hydromel des Laurentides (vin de miel) | 1/2 tasse |

## ASSEMBLAGE

Pour préparer sa propre glace au miel, battre le sucre et les jaunes d'œufs. Porter à ébulition le lait et le miel, verser sur le mélange de sucre et de jaunes d'œufs ; bien mélanger. Remettre sur le feu jusqu'à ce que la crème épaississe (80 °C / 176 °F). Refroidir. Turbiner dans une sorbetière. Réserver au congélateur.

---

## ASSEMBLAGE DES TROIS DESSERTS MINIATURES

Réunir les trois desserts miniatures dans une assiette et décorer avec des petits fruits de saison, des hémérocales et de la menthe fraîche.

# Index

## Liste des recettes par saison

### Printemps

## REMERCIEMENTS

En premier : merci à mon père Claude Desjardins
et à ma mère Françoise, sans qui cette belle
aventure n'aurait pas eu lieu. Leur soutien
a permis la naissance et le développement d'une
petite table champêtre.

Merci à Pierre Audette, mon ami, mon conjoint,
mon partenaire, qui partage depuis maintenant plus
de vingt ans les hauts et les bas de la joyeuse vie
d'hôtelier. Merci aussi à mes deux fils, Félix qui est
d'une patience d'ange et, plus particulièrement,
Emmanuel, maintenant avec nous dans les cuisines
et qui s'est impliqué dans la présentation stylisée
des photos de ce livre avec patience et savoir-faire.

Merci à mon équipe du restaurant et de l'hôtel *L'Eau
à la Bouche,* plus particulièrement Richard Poirier,
Guy Lelièvre et Pierre Beaudin qui, depuis toujours,
participent à cette vie palpitante avec professionnalis-
me et qui m'encourage dans ma folie et ma passion.

Je voudrais mentionner les collaborateurs, assis-
tants, cuisiniers qui travaillent ou ont travaillé avec
moi : chacun à sa manière a participé à l'évolution
et au succès de *L'Eau à la Bouche.* Je ne peux les
nommer tous, mais je n'en oublie aucun. Plus particulièrement, je veux remercier ma sous-chef
Nancy Hinton pour son talent et la générosité avec
laquelle elle partage ses compétences.

Je veux souligner le travail des producteurs et artisans de la grande famille agroalimentaire de ma
région pour la qualité de leurs produits et leur per-
sévérance. Je pense entre autres à ceux qui m'ont
généreusement ouvert leurs portes lors des prises
de photos, ainsi qu'à Jean Audette, commissaire de
la Table de concertation agroalimentaire des
Laurentides.

### Et particulièrement à :

Claude et Marie-Claude Desrochers,
de la *Ferme Apicole Desrochers* à Ferme-Neuve

Francine Beauséjour, de la fromagerie
*Le p'tit train du Nord* à Mont-Laurier

Sylvie D'Amours, de la ferme *Centre d'interprétation
de la Courge du Québec* à Saint-Joseph-du-Lac

Jude Lavigne, du *Verger JudePom* à Oka

Daniel Baillard, des serres *Fines Herbes par Daniel,*
de Mirabel

Yannick Achim, de la *Fromagerie du Marché*
à Saint-Jérome

Terry Hussey, producteur maraîcher *Insalada*
à Prévost

François Brouillard, des *Jardins Sauvages*
à Saint-Roch-de-l'Achigan

Denis Ferrer, des *Fermes Harpur,* cerf de Boileau